JN071752

法廷通訳ハンドブック実践編

【広東語】

最高裁判所事務総局

はじめに

　法廷通訳については，通訳の対象が法廷という極めて特殊な状況での会話であるために，通訳一般で必要とされる十分な語学力に加えて，法廷通訳に求められる特別の心構えや刑事手続の基本的な知識を身につける必要があります。そして，経験を積む中で，刑事手続への理解を深め，事実に争いがある否認事件等の複雑な手続や，控訴審などの通常の第一審と異なる手続の通訳もこなせるようなレベルにまで，能力を向上させていくことが期待されます。このようなレベルに達するには，法廷での特殊な用語，法律的な知識など法廷通訳に特有の事項をよく理解することが必要となります。

　本書は，そのための手助けになるように，できるだけ実践的な内容とすることを心がけ，第1編では刑事手続の流れに沿って，通訳人からよく質問される事項をQ＆Aの形でまとめ，第2編では，控訴審の手続をできるだけ平易に説明するとともに，第3編及び第4編では，法廷で使用されることの多いやりとりの具体例や，法律用語などの通訳例をできる限り網羅的に掲載することを心がけました。

　本書が広く刑事裁判の通訳に当たる方の一助となれば幸いです。

　　　令和3年2月

最高裁判所事務総局刑事局

目　　次

第１編

刑事裁判手続における通訳人の留意事項

第1編　刑事裁判手続における通訳人の留意事項

　　ここでは，通訳を必要とする刑事裁判での手続に即して，しばしば問題となる事項又は通訳人が留意すべき事項について説明します。法廷等で使用される用語の訳語については，53ページの「法廷通訳参考例」又は125ページの「法律用語等の対訳」を参照してください。

第1章　一般的注意事項

①Q　法廷通訳は，一般の通訳と比べてどのような特徴がありますか。

A　法廷でのやりとりのうち，証人尋問や被告人質問は，その結果得られた証言や供述が，裁判の証拠として，犯罪事実の認定や刑の量定の基礎になる特に重要なものですから，すべての発言を逐語訳で行う必要があるという特徴があります。例えば，証人が証言内容を発言直後に訂正した場合には，訂正後の内容だけでなく訂正前の内容についてもそのまま通訳してください。

　法廷での裁判官と検察官，弁護人とのやりとりについては，裁判長が必要な事項を要約することが多いと思われます。通訳すべき範囲を自分で判断するのではなく，裁判長の指示に従って通訳を行ってください。

②Q　通訳人として守らなければならないことは何ですか。

A　良心に従って誠実に通訳をしてください。通訳をす
るに当たって，そのことを宣誓していただくことにな
ります。また，裁判は，偏りのない公正な手続で行う
必要がありますから，通訳人も，通訳するに当たっては，
立場上中立公正さを疑われるような行動をとってはい
けません。もしも，被告人や証人と知り合いであるな
どの事情がある場合には，直ちに裁判所に申し出てく
ださい。

　　また，被告人又はその関係者に対しては，自分の氏
名，住所，電話番号を教えないようにし，個人的に接
触する機会を与えないでください。一緒に飲食をした
り，贈物を受け取るなどの行為は絶対にしないでくだ
さい。

　　さらに，裁判の過程で知った事件に関する事項につ
いては，絶対に他に漏らさないでください。裁判所や
検察官，弁護人から事前に送付を受けた書面について
は，その保管に注意するとともに，他人の目に触れる
ことのないよう注意してください。

③Q　証人や被告人の発言を逐語訳したり，法廷でのやり
とりを記憶しておくのは，大変なことだと思いますが，
法廷に立ち会う際，どのような準備，工夫をすればよ
いですか。

A　法廷に立ち会う際には，自分の記憶だけに頼るので
はなく，メモを取っておくことが不可欠です。メモを

取る際には，自分の理解しやすい記号や略語を用いたり，訴訟関係人の発言の順序などについて図式化して記録するなど，適宜工夫をするとよいでしょう。

　また，日ごろから，メモ取りをはじめとする様々なトレーニングを行い，通訳スキルの更なる向上を心がけておくことも重要です。

第2章　勾留質問手続

　逮捕された被疑者を引き続き留置しようとする場合，検察官は裁判官に対して勾留請求を行います。裁判官は資料を検討し，被疑事実に関する被疑者の言い分を聞いた上で，勾留するかどうか決めることになります。この言い分を聞く手続が勾留質問です。勾留質問は，裁判所の勾留質問室で行われます。被疑者が日本語を理解できない場合には，通訳人を介してこの手続を行うことになります。

Q　通訳人の人定尋問の際，被疑者に通訳人の氏名や住所を知られることはありませんか。被疑者に氏名や住所等を知られたくない場合には，どうしたらよいですか。

A　裁判所では，通訳人の氏名，住所などの個人情報について，慎重に取り扱うよう配慮しています。

　勾留質問手続においては，裁判官は，通訳人の人定尋問の際，あらかじめ人定事項を記載した書面をもとに「このとおりですね。」などと確認する形で人定尋問を行うのが一般的です。

念のため事前に裁判所書記官（以下「書記官」といいます。）に対してそのような希望を申し出てください。

第3章　起訴後第1回公判期日前まで

第1節　起訴

　　刑事裁判は，検察官が裁判所に対して裁判を求めることによって開始されます。これを起訴又は公訴の提起といい，具体的には，検察官が，起訴状を裁判所に提出して行います。起訴状には，被告人の氏名，生年月日，住居など被告人を特定する事項，公訴事実，罪名及び罰条が記載されています。

　　起訴があると，それまで被疑者に対する被疑事件であったものが被告人に対する被告事件となって，裁判所で審理される状態になります。

第2節　起訴状概要の翻訳文の送付

1　趣旨

　　裁判所では，起訴があった場合，起訴状の概要を被告人の理解できる言語に翻訳した上，第1回公判期日前のできるだけ早い時期にその翻訳文を被告人に送付するという取扱いを行っています。これは，日本語を理解しない被告人に早期に起訴状の内容を理解させて，被告人の防御権を実質的に保障するとともに，公判審理の充実を図ろうとするものです。

2　実施の方法

　　起訴状概要の翻訳文を送付する運用を円滑に実施するため，典型的な公訴事実の要旨を翻訳した文例集が作成され，それ

ぞれの地方裁判所に用意されています。

　裁判所は，翻訳文を送付する際には，通訳人予定者等に，日本語で作成した起訴状記載の公訴事実の要旨，罪名及び罰条について翻訳を依頼し，翻訳文を作成してもらうこともあります。その際，先に述べた翻訳文例の翻訳例を参考にしていただくとよいと思います。出来上がった翻訳文は，裁判所から被告人に送付しています。

　１に記載した趣旨から，翻訳文の作成を依頼された場合には，速やかに翻訳文を作成して提出してください。

　なお，この翻訳料は，通訳人に対する通訳料とは別に，翻訳内容に応じて支給されます。

Q　裁判所から翻訳の依頼があった場合に留意する事項は何ですか。

A　書記官から，翻訳言語，提出期限などを示してお願いしますので，特に提出期限に留意してください。また，担当の書記官の氏名や連絡先を聞いておくと，疑問点が生じた場合に照会するのに便利です。

第３節　法廷通訳の依頼

　要通訳事件では，適格な通訳人を選任することが極めて重要ですが，適格な通訳人であるためには，十分な語学力を有するとともに，中立公正であることが必要です。

　この点，捜査段階で付された通訳人を法廷における通訳人として選任することについては，裁判の公正に対する無

用の疑念を生じさせたり，捜査段階の通訳人の面前では，取調べ時に供述したことに心理的に影響されて，被告人が公判廷で自由に言い分を言えないおそれも考えられることから，法廷通訳には，できる限り捜査段階の通訳人と別の通訳人を選任することが望ましいと考えています。実際にも特段の事情のある場合を除き，別の通訳人を選任する運用がされています。

---

①Q　裁判所から通訳の依頼があった場合に確認しておく
　　事項は何ですか。

　A　①裁判所名，②担当裁判部と書記官の氏名，③電話
　　番号，④通訳言語，⑤事件名，⑥被告人の氏名，⑦公
　　判期日，⑧公判の予定所要時間，⑨弁護人が決まって
　　いればその氏名と連絡先，⑩弁護人の国選，私選の別，
　　⑪公判前整理手続や，即決裁判手続による審理が予定
　　されているか，⑫裁判員の参加する裁判（以下「裁判
　　員裁判」といいます。）であるかどうかなどを確認し
　　ておくとよいと思います。また，被告人が複数になる
　　と公判時間が長くなるとともに別々の日時に接見に同
　　行することになるため，時間を要することに留意して
　　ください。

---

②Q　捜査段階で通訳した事件について法廷通訳を依頼さ
　　れた場合にはどうしたらよいですか。また，捜査段階
　　で共犯者の通訳を行っている場合はどうですか。

A　裁判所は，捜査段階でどのような通訳人が付いたの
かを知らないのが通常です。したがって，まずその旨
を書記官に伝えてください。そのような場合には基本
的には他の通訳人に依頼することになりますが，他に
適格な通訳人の確保が困難な場合には通訳を再度依頼
することもあります。その場合には御協力をお願いし
ます。なお，共犯者の通訳の場合も基本的には同様で
す。

第4節　公判前整理手続

　　公判前整理手続とは，充実した公判審理を集中的・連日
的に行うことを目的として，裁判所が，検察官及び弁護人
の出席のもとで行う非公開の手続をいいます（事案によっ
ては，検察官及び弁護人が出席せず，書面のやりとりによ
って行うこともあります。）。

　　公判前整理手続は，裁判員対象事件では必ず実施されま
すし，それ以外の事件では，裁判所が，充実した審理を集
中的・連日的に行うために必要であると認めた場合に実施
されます。そこでは，①事件の争点は何なのか，②公判に
おいて，どの証拠を，どういった順序で取り調べるのか，
③公判期日をいつ行い，その期日での具体的な進行はどう
するのかなどといったことが決められます。

　　公判前整理手続においては，被告人は，裁判所が特に出
頭を求めない限り，その期日に出頭する義務はありません。
したがって，被告人が期日への出頭を希望せず，裁判所で

も特に出頭を求めない場合には，被告人不出頭のままで行われます。

---

①Q　公判前整理手続で通訳を行うことはありますか。

　A　公判前整理手続期日に日本語を理解しない被告人が出頭する場合には，そこで行われた手続について通訳を行うことになります。なお，被告人が出頭しない公判前整理手続期日について通訳を依頼することはありませんが，期日直前になって被告人が出頭することになった場合には，急に通訳を依頼することもありますので，その場合には御協力をお願いします。

---

②Q　公判前整理手続では，公判審理に比べて，通訳はかなり困難なものになるのではないですか。

　A　公判審理に比べて，難しい手続が行われるわけではありませんが，事案によっては，裁判所と当事者との間で，専門的な法律用語を用いた細かいやりとりがされることもあります。裁判所としても，当事者間のやりとりをある程度裁判官の方で要約した上で通訳をお願いしたり，なるべく通訳しやすいやりとりとなるよう配慮したりしますが，もし，通訳しにくいと感じた場合には，裁判官にその旨伝えてください。また，通訳のやり方について，あらかじめ裁判所と相談しておくことも考えられます。

③Q　公判前整理手続が実施された事件の審理について，通常の事件と異なる点はありますか。

　A　公判前整理手続が実施された事件では，その後の公判期日において，検察官の冒頭陳述の終了後，弁護人の冒頭陳述（弁護側の主張があるとき）及び公判前整理手続の結果を明らかにする手続（64ページの参考例参照）が行われます。

　　また，証拠申請やこれに対する意見の聴取，証拠を取り調べるかどうかなどに関する裁判所の決定は，通常，公判前整理手続で既に行われているため，冒頭陳述や結果顕出の手続が終了した後は，引き続き証拠の取調べが行われます。

第5節　第1回公判期日の指定

　裁判所が公判の期日を指定する際には，あらかじめ通訳人との間で日程の調整を行った上で期日の指定を行っています。

　また，弁護人は，第1回公判期日前（公判前整理手続期日が開かれる場合には，その第1回期日前）に被告人と接見し，日本の刑事裁判手続や起訴状の内容等を説明するとともに，事件について打合せをする必要がありますので，裁判所は，それらに要する日数にも配慮して期日を指定しています。

Q　期日の打合せをする上で留意すべき事項は何ですか。

A 公判後に予定を入れている場合等で時間に制約がある
　ときには，「何時から次の予定が入っていますから，何
　時までしかできません。」というふうに，具体的に書記
　官に伝えてください。また，その期日については通訳を
　することが可能な場合でも，その期日の直後から旅行に
　出かけるとか，他の仕事の関係などでしばらく法廷通訳
　を引き受けられない場合には，「いつからいつまでは引
　き受けられません。」ということを，事件の依頼があっ
　た際にはっきり伝えてください。

第6節　裁判所と通訳人との連絡及び通訳人の事前準備

　通訳人として選任されることが決まった場合には，書記
官から，第1回公判期日の通知（公判前整理手続期日に被
告人が出頭する場合には，その期日の通知）がされるとと
もに，当該期日に在廷してほしいという依頼があります。
また，法廷通訳の準備のために，起訴状写しを郵便等で送
付します（公判前整理手続の場合には，当事者から提出さ
れた書面が送付される場合もあります。）。裁判所によって
は，起訴状写しなどとともに，裁判部（裁判官名），書記官
名，裁判部の電話番号，被告人の勾留場所，裁判所の近辺
の地図等の必要事項を記載した事務連絡文書を送付するこ
ともあります。

　なお，第1回公判期日前には，通訳人の準備のために検
察官が作成した冒頭陳述書又は冒頭陳述メモ，書証の朗読
（要旨の告知）のためのメモ（結審予定の場合には，さらに

検察官作成の論告要旨，弁護人作成の弁論要旨）が交付されるのが一般的です。

---

①Q　法廷通訳の経験のない通訳人の場合，事前の準備としてどのようなことが考えられますか。

　A　事前に他の事件の法廷傍聴をしておくこと，法廷通訳ハンドブックを読むなどして勉強しておくこと，刑事裁判手続を分かりやすく説明した外国人事件用ビデオを裁判所で見せてもらうこと，裁判官又は書記官から手続の説明を受ける機会があればそれも活用することなどにより，刑事裁判手続の流れや法律用語などについて勉強しておくのがよいでしょう。また，冒頭陳述書等をできるだけ早く入手できるように，書記官から検察官や弁護人に伝えてもらうとよいでしょう。さらに，法廷に立ち会う際には，メモ取りの準備をしておくことが不可欠ですし，日ごろから通訳スキルを磨くための様々なトレーニングをしておくことも重要です（第１編第１章③Ｑ＆Ａ（２ページ）参照）。

---

②Q　通訳の準備のために，検察庁に事件の記録を見に行くことはできますか。

　A　公判前の段階では，事件に関する書類は非公開とされていますから，一般的には見ることはできません。

---

③Q　どのような書面が事前に通訳人に交付されています

か。

A 事件によって異なりますが，一般的には，冒頭陳述
書又は冒頭陳述メモ，書証の朗読（要旨の告知）のた
めのメモ，論告要旨，弁論要旨が交付されています。

なお，このように通訳人には準備のため訴訟に関す
る書面が交付されますが，これらの書面は一切他に見
せてはいけません。

④Q 事前に交付された書面によく分からない点がある場
合にはどうしたらよいですか。

A 書面を作成した検察官，弁護人に確認することが望
ましいと思われます。一般的な法律用語の意味の確認
程度であれば，とりあえず書記官に確認するというこ
とでもよいでしょう。

なお，法廷で提出される前の段階では，このような
書面は，裁判所の手元にはないことを承知しておいて
ください。

第7節　弁護人の接見への同行

外国人被告人の場合，日本の裁判制度に対する知識がほ
とんどないことが原因で不安に陥ることが少なくありませ
ん。弁護人はその職務として，起訴後できるだけ早い時期
に被告人と接見し，起訴状の内容を説明して言い分を聴く
とともに，日本の裁判制度等についても十分に説明するこ
とが求められています。

そこで，国選弁護事件においては，裁判所では弁護人に対して，あらかじめ通訳人予定者の氏名，電話番号等を通知し，弁護人が希望すれば通訳人予定者を接見に同行できるように配慮することにしています。

　また，一定の事件については，起訴される前の段階で，被疑者の請求により国選弁護人が選任されることがあります。この場合には，国選弁護人や国選弁護人の候補者の指名等に関する業務を行う日本司法支援センター（法テラス）から，接見への同行を依頼されることがあります。

　したがって，裁判所や国選弁護人等からそのような依頼があれば，御協力をお願いします。

　なお，国選弁護事件において，弁護人の接見に通訳人が同行した場合には，弁護人から報酬や費用の支払を受けることができます。

---

①Q　弁護人の接見に同席した場合に留意すべき事項は何ですか。

A　被告人から尋ねられても，絶対に自己の氏名や連絡先を教えてはいけません。被告人から理由を尋ねられた場合には，「教えてはいけないことになっています。」と答えてください。

　また，弁護人にも通訳人の氏名等を被告人に対して紹介することのないよう話をしておくとよいでしょう。

　さらに，接見の際に，被告人の話し方の癖等を把握しておくと，法廷通訳をする際に役立ちます。

---

②Q　接見の通訳をした際に，アクセントが強かったり，
　　方言が交じっていたりして被告人の話す言葉が分かり
　　づらかったり，逆に被告人が通訳人の通訳内容を理解
　　していないと思われた場合には，どうしたらよいです
　　か。
　A　弁護人にその旨を告げるとともに，書記官にもその
　　ことを伝えてください。コミュニケーションがどの程
　　度取れているのか，取りにくい原因は何かなどを考慮
　　して，裁判官が，被告人にゆっくりあるいは繰り返し
　　話すように促すことでまかなえるかどうか，又は通訳
　　人の交替をしてもらうかなどの措置を検討することに
　　なります。

③Q　被告人が他の言語の通訳を希望している場合にはど
　　うしたらよいですか。
　A　被告人の希望を書記官に伝えてください。同時に，
　　そのままの言語でも意思疎通が可能である場合にはそ
　　のことを伝えるとともに，その程度などについても伝
　　えてください。

④Q　被告人から，裁判の見通しについて尋ねられた場合
　　にはどうすればよいですか。
　A　「通訳人はそのような質問に答えてはいけないこと
　　になっています。弁護人に相談してください。」と答
　　えるべきです。勝手に見通しを告げることはしないで

ください。

⑤Q　被告人から，家族に手紙を渡してほしいとか，差し
　　　入れをするように家族に頼んでほしいというようなこ
　　　とを頼まれた場合にはどうしたらよいですか。
　　A　「通訳人はそのようなことをしてはいけないことに
　　　なっています。弁護人に相談してください。」と答え
　　　るべきです。

⑥Q　弁護人から，被告人に差し入れをするよう被告人の
　　　家族に頼んでほしいと依頼された場合にはどうしたら
　　　よいでしょうか。
　　A　自分で依頼の適否について判断するのではなく，
　　　「裁判所に確認を取ってからでないとできませんの
　　　で，裁判所に依頼の趣旨を伝え，確認を取ってくださ
　　　い。」と言ってください。

⑦Q　被疑者段階での接見に同行した場合と，起訴後の接
　　　見に同行した場合とで，留意すべき点に違いはありま
　　　すか。
　　A　基本的には，どちらの接見においても留意点に違い
　　　はありません。
　　　　ただし，被疑者段階では，事件はまだ裁判所におい
　　　て審理すべき状態にあるわけではないので，裁判官や
　　　書記官から具体的な指示を受けることはできません。

疑問点が生じた場合には，適宜弁護人に相談して，
その指示を受けてください。

⑧Q　接見に同行した後に留意すべき事項がありますか。

　A　被疑者や被告人には，接見交通権といって，立会人
なくして弁護人と接見する権利が認められています。

　　そして，通訳人は特別に接見に同行することを許さ
れているのですから，接見の際に交わされた被疑者又
は被告人と弁護人とのやりとりを外部に漏らすような
ことは，絶対に慎んでください。

　　このことは，裁判官や書記官に対してであっても同
じです。

第4章　公判手続
第1節　法廷通訳一般

①Q　通訳をする際には，直接話法（・・・です。）の形
で通訳をすべきでしょうか，間接話法（・・・だそ
うです。）の形で通訳をすべきでしょうか。

　A　話者が話した内容で通訳すべきですから，直接話
法の形で通訳してください。

②Q　被告人等が発言しない場合には，通訳人から発言
するように促すべきでしょうか。

　A　通訳人は法廷で自ら発言することは原則的にない

と心得ておいてください。特に被告人には，黙秘権がありますから，勝手に発言を促すようなことをしてはいけません。

③Q　連続して行う通訳時間について希望がある場合にはどうしたらよいですか。また，通訳中に休憩を取りたい場合にはどうしたらよいですか。

　A　裁判所としても，通訳人の負担を考慮して，通訳人が適切に休憩できるよう配慮していますので，要望があれば，事前に書記官に伝えてください。また，通訳人において公判手続中に休憩が必要となった場合には，その場で遠慮なく裁判官や書記官に伝えてください。

④Q　被告人から不信感を持たれているなどの問題があると感じた場合には，どうしたらよいですか。

　A　信頼関係に問題があると感じる場合には，書記官にそのことを伝えてください。不信感の背景には，例えば被告人が日本の裁判制度を誤解していることが原因になっていることもあります。その場合には，裁判官や弁護人から被告人に対し，日本の裁判制度について説明することになります。

⑤Q　法制度，習慣，文化の異なる被告人の通訳を行うに当たって，配慮すべき事項がありますか。

A　法制度や歴史的背景の違い等から，被告人が通訳人に対し敵対心を持つことや，逆に被告人の言おうとする本当の意味が分からないことがあると思われます。したがって，法廷通訳を行うに当たっては，語学的な面だけでなく，その国の文化や法制度等を理解するよう日ごろから努めてください。

⑥Q　被告人の陳述について，配慮すべきことがありますか。特に罪状認否についてはどうですか。

A　裁判所も留意していますが，被告人によっては，陳述の際，一度にたくさん話し出すことがありますので，法廷に入ったらすぐにメモの準備をしておくことなどが必要です。

　特に罪状認否は重要な手続ですので，慎重に通訳をする必要があります。被告人がうなずいた場合にも安易に「はい。」と通訳をするようなことは避けてください。

⑦Q　被告人が，弁護人の接見の際と異なることを述べた場合にはどうすればよいですか。

A　証拠となるのは，公判廷での発言ですから，接見の際の内容にかかわらず忠実に通訳すべきです。この場合には，接見の際の被告人の発言に影響されるようなことがあってはいけません。

⑧Q　書面を事前に交付された場合には，どのようなこ
　　とに留意したらよいですか。

　A　分からない法律用語，読めない地名，人名等があ
　　る場合には早めに尋ねておく必要があります。書証
　　の要旨の告知のために証拠等関係カードが交付され
　　ている場合には，略語表（181ページ参照）で書
　　証の表題を確認しておくとよいでしょう。

　　　ただ，事件の進行によっては，事前に交付された
　　書面の内容が変更されることがありますので，柔軟
　　に対応する必要があります。

第2節　開廷前の準備

　　開廷前には，裁判官又は書記官と通訳人との間で，その
期日に予定された手続を確認するとともに，必要な書類や
送付した書類等が手元に届いているかどうか確認すること
もあります。この際に書類の中に分からない用語がある場
合には，説明を求めるとよいでしょう。

　　なお，通訳人には守秘義務がありますから，これらの書
類の取扱いには細心の注意を払ってください。

①Q　開廷前に準備しておく必要のあるものは何ですか。

　A　早めに書記官室へ行って（直接法廷に行くように言
　　われる場合もあります。），宣誓書の署名，出頭カー
　　ドの記載，報酬関係の書類への記載をする必要があり
　　ます。印鑑を持っている方は，このときに使いますの

で，印鑑を持参してください。

②Q　開廷前の時間はどのように過ごすとよいでしょうか。
　　A　早めに法廷に行って，自分の座る位置を確認し，メ
　　　モや起訴状等の書面を通訳する順序に重ねておくなど
　　　の準備をしておくと落ち着いて通訳できるでしょう。
　　　　なお，開廷前に勝手に被告人や被告人の関係者と話
　　　をしないようにしてください。

第3節　公判廷での手続

1　通訳人の宣誓等

　　まず，裁判官が，通訳人が本人であるか否かを確認する手
続（人定尋問）を行います。

　　続いて，宣誓していただきます。宣誓書を手に持って，声
を出して読んでください。宣誓する場所については，裁判官
の指示に従ってください。

Q　通訳人の宣誓の際に氏名や住所等を言いたくない場合に
　　はどうすればよいですか。
A　勾留質問の際と同様，あらかじめ人定事項を記載した書
　　面をもとに，裁判官が「このカードに記載されていると
お
　　りですね。」と尋ねるのが一般的です。
　　　念のため，事前に書記官にその旨を伝えておいてくださ
　　い。

2 被告人に対する宣誓手続等についての説明

裁判官の指示に従って，被告人に対し，自分がこの裁判において裁判所から通訳を命じられたこと，そして誠実に通訳することを宣誓した旨を告げてください。

なお，これ以降は，着席のまま通訳していただいて差し支えありません。

3 被告人の人定質問

裁判官は，被告人に対して，証言台の前に進み出るよう命じ，氏名，生年月日，国籍，日本における住居及び職業等を尋ねます。

4 起訴状朗読

検察官が起訴状記載の公訴事実，罪名及び罰条を朗読します。

なお，性犯罪等の事件については，起訴状に記載されている被害者の氏名や住所などの被害者を特定させる事項を法廷において明らかにしない旨の決定（以下「被害者特定事項の秘匿決定」といいます。）がされることがあります。

また，被害者特定事項の秘匿決定がなされていなくても，被害者や年少者に対する配慮として特定事項を明らかにしない措置が行われることもあります。

これらの場合には，起訴状に記載されている被害者の氏名や住所等は明らかにされず，「被害者に対し」であるとか，「○○市内の被害者方において」などと朗読されますので，誤って被害者特定事項を通訳することのないよう注意してください。

①Q　起訴状につき，外国語に的確な訳語がない場合はどの
　　　ようにすればよいですか。

　A　起訴状朗読では，起訴状に記載されている内容を忠実
　　　に通訳する必要がありますが，中にはぴったりと当ては
　　　まる訳語がない場合もあります。そのような場合には，
　　　説明を付加して訳さざるを得ないことになります。用語
　　　の意味内容について不安がある場合には，事前に書記官
　　　に相談してください。

②Q　被害者特定事項の秘匿決定がされた場合には，検察官
　　　が朗読したとおりに通訳すべきですか。それとも，起訴
　　　状に記載されている内容のとおり通訳すべきですか。

　A　必ず検察官が朗読したとおりに通訳してください。被
　　　告人には，起訴状朗読後に起訴状及び起訴状概要の翻訳
　　　文が示されますので，朗読されなかった部分を通訳する
　　　必要はありません。

5　黙秘権の告知

　　裁判官が被告人に対し，黙秘権を告知します。

6　事件に対する被告人の陳述

　　裁判官が被告人に対し，公訴事実についての認否を尋ねま
す。

7　弁護人の意見

　　裁判官が，公訴事実について，弁護人に意見を求めます。
これが終わると，被告人は，裁判官の指示で着席します。

8 ワイヤレス通訳システムの利用

ワイヤレス通訳システムとは，送信機を装着した通訳人が小声で通訳を行い，それを受信機のイヤホンを通じて被告人に伝える装置です。公判廷における日本語での発言のうち，事前に通訳人に書面が交付された手続部分について，日本語での発言に並行して，あらかじめ準備した通訳内容を伝える形で同時進行的な通訳ができるようにするものです。したがって，このシステムはいわゆる同時通訳とは異なるものです。

これにより，手続を中断することなく，被告人に通訳内容を伝えることができることになるため，審理時間の短縮，ひいては通訳人の負担の軽減を図ることができます。

このシステムは，法廷では次のように運用されています。

(1) 通訳人が送信機を，被告人が受信機を，それぞれ使用する。

(2) 冒頭陳述，書証の要旨の告知，論告，弁論などのように，検察官又は弁護人があらかじめ準備し，通訳人に交付してあった書面を法廷においてそのまま朗読する手続に使用し，起訴状朗読，証人尋問，被告人質問及び判決宣告には使用しない。

①Q　ワイヤレス通訳システムを利用する場合に，通訳人として留意すべき事項は何ですか。

　A　まず，事前に交付された書面の内容を通訳できるように十分に準備をしておく必要があります。

　　　また，被告人がワイヤレス通訳システムの使用を拒

んでいるときは，その旨裁判所に伝えてください。

　　当該機器はささやくような声で話をしても被告人に聞こえるようになっています。できる限り声を落として通訳してください。

②Q　ワイヤレス通訳システムを使用する際には，検察官や弁護人が書面を読む速度に合わせて該当部分を通訳すべきですか。

　A　書面の内容を通訳するわけですから，検察官や弁護人が書面を読む速度に合わせる必要はありません。むしろ，被告人に書面の内容を理解させる速度で通訳をすることが重要です。

9　証拠調べ手続

(1)　冒頭陳述

　　「この裁判で検察官が証拠により証明しようとする事実は，以下のとおりである。」などと告げた後，検察官が冒頭陳述を行います。

　　なお，弁護側の主張があるときには，検察官の冒頭陳述の後に弁護人の冒頭陳述が行われ，公判前整理手続が実施された場合には，引き続き公判前整理手続の結果を明らかにする手続が行われます（64ページの参考例参照）。この場合，証拠申請等に関する以下の(2)から(4)の手続は，通常，公判前整理手続の中で既に行われているため，この後は(5)の証拠の取調べが行われることになります。

> Q 冒頭陳述は一括して通訳するのでしょうか，それとも
> 一文ごとに区切って通訳するのでしょうか。
>
> A ワイヤレス通訳システムを利用して一括して通訳する
> 場合が多いと思われますが，書面が事前に交付されてい
> ないような場合には，一文ごとに通訳をすることもあり
> ます。

(2) 検察官からの証拠申請

　　通常，冒頭陳述に引き続いて検察官が「以上の事実を立
証するため証拠等関係カード記載の証拠を申請します。」な
どと述べます。

(3) 検察官の証拠申請に対する弁護人の意見

　　検察官の証拠申請に対して，弁護人が同意，不同意など
の意見を述べます。同意，不同意という言葉は通常の日本
語の意味とは異なる意味を持つものですから，その意味を
しっかりと理解しておく必要があります。

　　また，この際に具体的な事実を示して，信用性がないと
か，違法収集証拠であるというような主張がされることも
ありますので，メモを取る準備をしておく必要があります。

(4) 裁判所の証拠採否（証拠を採用するか却下するか）の決
定

　　弁護人の同意がない限り，原則として証拠書類について
は，証拠調べをすることはできません。裁判所は，弁護人
が同意した証拠書類について，必要性や相当性を判断した
上，証拠として取り調べることを決定します。弁護人が不

同意とした証拠については，それに代えて，証人尋問の請求がされることもあります。

(5) 採用された証拠の取調べ

ア　証拠書類の内容の要旨の告知（又は朗読）

　　交付された証拠等関係カードのうち採用された証拠書類については，検察官が要旨の告知（又は朗読）をするので，その順に，その内容を通訳してください。

イ　証拠物の展示

　　証拠物の取調べは，検察官が採用された証拠物を法廷で示すことによって行いますが，このとき被告人に対する質問をする場合があります。すなわち，被告人が，裁判官の指示により証言台に進み出た後，検察官は被告人に対し，「検察官請求証拠番号〇〇番の・・・・を示す。」と述べ，「あなたは，この・・・・に見覚えがありますか。これはあなたの物ですか。」などと質問します。

(6) 証人尋問

ア　証人の宣誓及び虚偽の証言に対する注意

　　証人が宣誓した後，裁判官から証人に対して，虚偽の証言をすると偽証罪で処罰される旨の告知があります。

イ　通訳の方法

　(ア)　外国語を使用する証人の場合

　　a　被告人と同じ言語の場合

　　　日本語の尋問→通訳→証人の供述→通訳の順に行います。

b　被告人と異なる言語の場合（次の 2 通りがありま
　　　す。）
　　(a)　日本語の尋問→証人に対する尋問の通訳→被告
　　　　人のための尋問の通訳→証人の供述→日本語への
　　　　通訳→被告人のための供述の通訳の順に行う方法
　　(b)　日本語の尋問→証人に対する尋問の通訳→証人
　　　　の供述→日本語への通訳→被告人のための尋問と
　　　　供述の通訳の順に行う方法
　　　　　(a)の方法が原則ですが，この方法では，通訳の
　　　　間に，証人が質問の内容を忘れてしまうことなど
　　　　もありますので，これに代えて，(b)の方法を採る
　　　　こともあります。
　(イ)　日本語を使用する証人の場合（次の 2 通りがありま
　　　す。）
　　a　日本語の尋問→通訳→証人の供述→通訳の順に行
　　　う方法
　　b　日本語の尋問→証人の供述→尋問と供述の通訳を
　　　行う方法
　　　　a の方法が原則ですが，前記(ア) b と同じ理由で b
　　　の方法を採ることも多いようです。
　　　　なお，情状証人の場合には，ある程度尋問と供述
　　　を続けた後，裁判官が通訳人に供述の要旨を告知し，
　　　まとめて通訳してもらうこともあります。
　ウ　証人の不安や緊張等を緩和するための措置
　　犯罪によって被害を受けた方等が証人として証言する

場合，不安や緊張を緩和するため，次のような措置をとることが認められています。

(ア) 証言をする際，家族等に付き添ってもらうことができます（付添い）。

(イ) 証人と被告人や傍聴席との間につい立てなどを置き，被告人や傍聴席の視線を気にせず証言することができます（遮へい）。

(ウ) 事件によっては，法廷とテレビ回線で結ばれた別室で証言することもできます（ビデオリンク）。

なお，遮へいの措置をとった際に，被告人の様子が見えにくく，通訳をするに当たって支障がある場合には，裁判官に申し出てください。被告人の着席位置を変更したり，つい立ての位置を調整するなど，裁判官が適宜判断し，対処することになります。

エ　証人等特定事項の秘匿

証人，鑑定人，通訳人又は翻訳人に加害行為等がなされる恐れがある場合には，その氏名や住所などの特定事項（以下「証人等特定事項」という。）を被告人側に明らかにしない措置がされることがありますので，その場合には，誤って証人等特定事項を通訳することのないよう注意してください。

①Q　質問とそれに対する答えがちぐはぐになった場合には，答えをそのまま訳すべきですか，それとも，もう一度聞き直すべきですか。

A ちぐはぐのまま通訳してください。気になるよう
なら裁判官に，「かみ合っていませんけれども通訳
としてはそのまま伝えます。」と告げるとよいでし
ょう。

②Q 質問の意味が不明瞭であったり，同音異義語でど
ちらの意味かはっきりしないような場合にはどうす
ればよいのですか。

A 裁判官の許可を得て確認すべきです。

③Q 証人の発言等について，重要でないと思われる部
分については通訳を省略してよいですか。

A 省略してはいけません。できる限り忠実に通訳し
てください。一部を省略したり内容をまとめたりす
ることはしないでください。

④Q 証人尋問の通訳を行う際には，どのような態度で
行えばよいですか。

A 証人に対して中立な立場で接し，その証言等に対
して，仮に不信や同情等を感じても，表情に出さな
いようにしてください。

⑤Q 証人があいまいな返事をしたり，証言をしている
途中で，言い直しをした場合には，どのように通訳
すべきですか。

A　そのまま通訳をすべきです。内容を明確にさせる
　ためや供述の矛盾を整理するため聞き直して供述を
　引き出したり，通訳人が勝手に解釈して断定的な通
　訳をしてはいけません。

⑥Q　証人の答えが長すぎて通訳しにくい場合には，ど
　うしたらよいですか。
A　手を上げるなどして，裁判官に答えが長すぎて通
　訳しにくいことを伝えてください。そうすれば，裁
　判官が答えを一文ずつ区切って通訳するように指示
　したり，尋問者に対して問いを工夫してもらうよう
　指示するなど，適宜判断し，対応してくれます。

⑦Q　証言の内容が高度に専門的，技術的であるなどの
　理由により，そのまま通訳をすることに無理がある
　と感じた場合には，どうしたらよいですか。
A　直ちにそのことを裁判官に告げてください。分か
　る部分だけを通訳するようなことは，しないでくだ
　さい。
　　可能であれば平易な内容に証言をし直してもらう
　などの措置を採ることになります。

⑧Q　証人との間で，アクセントや方言のためにコミュ
　ニケーションが取りづらいときには，どうしたらよ
　いですか。

A 直ちにそのことを裁判官に告げて，指示を待って
ください。程度にもよりますが，ゆっくり証言させ
たり，繰り返し証言することにより手当てができる
のであれば，そのような方法を採ることになります。

⑨Q 通訳をする際には，発言者の表現を忠実に再現す
るべきですか。

A 発言者と同じ表現を使ってください。例えば丁寧
語を用いるなどして表現方法を改めるようなことは
しないでください。

⑩Q 証言の途中で，例えば大きさや高さや量を示すた
めに，証人が身振り手振りをした場合には，身振り
手振りも含めて通訳すべきですか。

A 言葉だけを通訳すればよく，身振り等を繰り返す
必要はありません。

⑪Q 答えが聞き取れないなどの理由により，答えを繰
り返してほしいと思ったときはどうすべきですか。

A 裁判官に，「聞き取れませんでしたので，証人に
答えを繰り返すように頼んでもいいですか。」と断
ってから頼んでください。

⑫Q 尋問に対して異議が出された場合には，どのよう
にしたらよいですか。

A　異議に対する意見，判断などの一連のやりとりを
　逐一通訳するのか，あるいは，やりとりが終わった
　後に裁判官が通訳すべき範囲をまとめて，それに従
　って通訳するのかなど，裁判官の指示に従って対応
　してください。ただ，一連のやりとりは，メモに取
　っておくとよいでしょう。

⑬Q　証言中の語句，言い回し等を理解できない場合や，
　通訳できない場合にはどうしたらよいですか。
A　証言の繰り返しや別の言葉での表現を頼んでよい
　かについて裁判官の許可を得てください。

⑭Q　証人等が人数や性別がはっきりしない代名詞を使
　った場合には，どうしたらよいですか。
A　そのために完全な通訳ができないことを裁判官に
　告げて，その部分をはっきりさせるように質問して
　よいかどうかの許可を得てください。

⑮Q　質問者が名前や数字を間違って質問している場合
　でもそのまま通訳すべきですか。
A　そのまま通訳すべきです。誤りの指摘や訂正につ
　いても裁判官や検察官，弁護人に任せてください。
　　ただ，明らかに誤解に基づく場合で，だれも気が
　付いていないと思われるときには，その旨を裁判官
　に指摘してください。

⑯Q 通訳に関し，正確性について疑問がある旨の指摘を受けた場合にはどうしたらよいですか。

A 裁判官の指示を待ってください。裁判官の許可があるまで，正確性について自分の意見を述べるのは差し控えてください。通常，裁判官は，問題とされた供述等を引き出す発問からやり直してもらい，あるいは発問の仕方を変えて平易な表現でその点を聞き直させることにより処理する場合が多いと思われます。

⑰Q 質問や発言の中に寸法や重量，外国通貨の量が含まれている場合には，日本のそれらのものに換算すべきですか。

A 自分で換算する必要はありません。換算は，基本的には裁判官，検察官又は弁護人が行います。

暦についても一度そのまま通訳してください。その後，換算に関するやりとりがあった場合にはそれを通訳し，また，裁判官から西暦等に換算した上で通訳するように指示された場合には，それに従ってください。

⑱Q 図面を利用した尋問等の場合に，留意する事項は何ですか。

A 被告人が「ここ。」とか「あそこ。」と発言した場合でもそのとおり通訳する必要があります。また，

- 33 -

複雑な尋問の場合には，書記官に頼んで図面の写しを準備してもらうとよいでしょう。

⑲Q　仲間うちでだけ用いられる特殊な用語が使用された場合には，通常の言葉に直して通訳すべきですか。

　A　そのまま通訳する必要があります。そして，必要があれば裁判官等が続けて質問しますので，それを待つべきです。

⑳Q　鑑定証人の尋問の場合に留意すべき事項は何ですか。

　A　難しい専門用語を通訳する必要がありますので，あらかじめ尋問の際に使用すると思われる用語については調べておく必要があります。また，尋問の中に理解できない言葉がある場合には，遠慮なく申し出てください。専門用語を調べる時間が必要な場合には，その旨申し出てもよいでしょう。

10　被告人質問

　被告人は，宣誓することはありません。なお，通訳は，日本語の質問→通訳→被告人の供述→通訳の順序で行うのが一般的です。

①Q　被告人が質問の内容を理解していないと思われる場合にはどうしたらよいですか。

A　通訳人の判断で被告人に説明したりせず，よく理解で
　　　きていないということを裁判官に告げてください。

②Q　被告人が個人的に話しかけてきた場合にはどうすべき
　　　ですか。
　　A　会話に応じないで，身振りなどで，会話はできないこ
　　　とを示してください。実際に話しかけられた場合は，そ
　　　の内容を裁判官に伝えてください。

11　論告

　　検察官の事件に関する最終的な意見が述べられます。検察
官から事前に「論告要旨」と題する書面（ただし，求刑部分
を空欄としたもの）が交付されるのが一般的です。書面が交
付されている場合には，検察官の意見陳述後に，この書面に
基づいて通訳してください。また，この場合には，ワイヤレ
ス通訳システムを利用することが多いと思われます。

　　なお，被告人が求刑の意味を理解していない場合には，裁
判官が補足説明をすることがあり，その場合には，それを通
訳することになります。

Q　論告の際に留意する事項は何ですか。
A　求刑は，あくまでも検察官の意見ですが，判決を宣告さ
　　れたと誤解する被告人も多いです。通訳人の方もこの点に
　　ついてはよく理解しておいてください。
　　なお，論告要旨が事前に交付される場合でも，求刑のと

ころは空欄になっている場合がほとんどです。したがって,
求刑についてはその場で検察官が述べた内容を正確に聞き
取り,通訳するようにしてください。聞き漏らした場合には,
検察官に確認してください。

12 弁護人による弁論

弁護人の事件に関する最終的な意見が述べられます。弁護
人からあらかじめ「弁論要旨」又は「弁論メモ」と題する書
面が通訳人に交付され,通訳はこれに基づいて行うのが一般
的です。弁論要旨等を事前に交付してある場合には,ワイヤ
レス通訳システムを使用することが多いと思われます。

弁護人が,弁論要旨等を事前に準備していないときは,弁
護人は通訳できるよう適当な範囲で区切って弁論し,通訳人
は順次通訳する運用になることが多いと思われます。

Q　ワイヤレス通訳システムを使用する論告・弁論の手続で,
検察官が被告人の弁解内容に対応して,事前に交付した論
告要旨の書面の内容を一部訂正,追加したり,弁護人が論
告の内容に対応して弁論要旨の内容を同様に変更した場合
にはどうしたらよいですか。
A　検察官又は弁護人が訂正,追加した部分を通訳人に指摘
しますので,それに基づいて通訳することになります。

13 被告人の最終陳述

裁判官が,被告人に対し,「これで審理を終えますが,最

後に何か言いたいことがありますか。」などと尋ねます。被告人は，証言台に進み出て陳述する場合がありますので，その内容を通訳してください。

14　次回期日の指定

　裁判官が次回期日を指定しますので，その期日と，次回期日に何を行うかについて，裁判官の説明したことを通訳してください。被告人の最終陳述が終わっていれば，次回期日には判決が言い渡されることになります。

　続行期日，判決宣告期日を指定する際には，通訳人と調整して期日を指定することになります。特に，継続して開廷する場合には，通訳人との関係で期日を一括指定することもありますから，自分の都合を何か月か先まで正確に把握しておく必要があります。

15　判決宣告の手続

　判決宣告の手続については，法廷通訳参考例（82ページ）を参考にしてください。

　判決書の内容は事前に外部に漏れると困りますので，当日までは見ることができません。ただ，判決を正確に通訳できるようにするため，通訳人用の判決要旨，判決写しを作成し，裁判所によっては，これを判決宣告期日の開廷10分ないし30分くらい前に通訳人に交付し，事前に目を通してもらうといった運用もされています。この場合に，判決要旨等を交付した後は書記官室から出ないようにしてもらっているようです。裁判所がどのような方法を採っているのかを確認するとよいでしょう。また，判決の要旨等がないと通訳に不安が

ある場合には，あらかじめ書記官にその旨を申し出るとよい
でしょう。

　いずれにしても，判決宣告期日には少し余裕をもって裁判
所に行くとよいでしょう。

　なお，判決宣告手続にはワイヤレス通訳システムは使用し
ない取扱いです。

---

①Q　判決宣告期日の公判に要する時間は，どれくらいを予
　　定しておけばよいですか。

　A　事件によって異なりますので，裁判官にどの程度時間
　　を取っておけばよいか確認してください。

　　　一般的には，被告人が否認している事件は，自白事件
　　よりも時間を要することになります。

　　　さらに，判決宣告期日に弁論を再開して証拠調べ等を
　　行うこともありますので，注意してください。

---

②Q　刑の全部の執行猶予，刑の一部の執行猶予の説明を通
　　訳する際に留意すべき事項は何ですか。

　A　刑の全部の執行猶予，刑の一部の執行猶予の説明は，
　　被告人には分かりにくい面がありますので，裁判官もで
　　きるだけ分かりやすい説明をするように心掛けていま
　　す（84ページの参考例参照）。それでも被告人が理解し
　　ていないと思われる場合には，裁判官にそのことを告げ
　　てください。

③Q　未決勾留日数の刑への算入の説明を通訳する際に留意
　　すべき事項は何ですか。

　A　　未決勾留日数の刑への算入の説明も被告人には分かり
　　にくいようですので，裁判官は分かりやすい説明を心掛
　　けています（86ページの参考例参照）。通訳人におい
　　ても書記官に尋ねるなどして内容をよく理解しておいて
　　ください。

16　上訴期間等の告知

　　有罪の判決の場合には，裁判官は被告人に対して上訴期間
及び上訴申立書を差し出すべき裁判所を告知します。

17　即決裁判手続

　　即決裁判手続とは，争いのない明白軽微な一定の事件につい
て，検察官からの申立てにより，裁判所が決定に基づいて行
う手続です。この手続には，①起訴されてから公判期日まで
の期間が短いこと（できる限り，起訴後14日以内の日に公
判期日を指定することとされています。），②一般の公判手続
と比べ，簡略な方法で証拠調べが行われること，③原則として，
即日判決が言い渡され，その判決において懲役又は禁錮の言
渡しをする場合には，必ずその刑の執行が猶予されることな
どの特徴があります。

　Q　即決裁判手続において留意すべき事項は何ですか。

　A　通常の事件と比べ，起訴されてから公判期日までの期間
　　が短いことから，事案によっては，通訳の依頼が期日の直

近になることがあります。その場合には，御協力をお願い
します。

　また，公判期日において交わされるやりとりについて，
通常の手続とは一部異なる部分があります（74ページ
の参考例参照）。このほか，原則として即日判決が言い渡
されるため，判決宣告の通訳の準備をどうするのかを含め，
あらかじめ書記官等に手続の流れを確認しておくとよいと
思われます。

第4節　裁判員裁判

　裁判員裁判においては，一般の国民の中から選ばれた裁
判員が裁判官とともに審理に参加することから，その審理
は集中的・連日的に行われます。これを可能とするために，
すべての事件において必ず公判前整理手続が実施され，こ
の中で事前に争点や証拠の整理等が行われます。

　また，法廷での審理内容を裁判員にも分かりやすいもの
にするため，法廷内で使用される法律用語は，一般の人に
も分かるような言葉に言い換えられたり，冒頭陳述等にお
いてプレゼンテーションソフトが用いられる例もあります。
さらに，証拠調べにおいても，供述調書等は全文朗読又は
限りなくこれに近い要旨の告知の方法によって取り調べら
れているほか，証人に法廷で直接証言してもらうことも増
えています。なお，プレゼンテーションソフトが用いられ
る場合には，示された文書や画像などの内容をスムーズに
通訳することができるように，事前に裁判所や訴訟関係人

と打合せをしておくとよいでしょう。

①Q　連日的開廷が行われる場合，通訳人の負担はかなり
　　重くなるのではないでしょうか。
　A　裁判員裁判における尋問は，従来よりも争点に即し
　　た，簡にして要を得たものとなりますし，また，裁判
　　員の疲労や負担にも配慮して，これまでよりも頻繁に，
　　相応の時間の休憩が取られることになります。したが
　　って，一概に通訳人の負担が重くなるということはあ
　　りません。

②Q　裁判員裁判を担当するにあたり，事前に裁判所と打
　　合せをしておく必要はありますか。
　A　連日的開廷により，肉体的，精神的疲労が蓄積して
　　一人で通訳をすることが困難と予想される場合や，日
　　程の都合がつかず，一部の期日に出頭できない場合な
　　どには，事前に裁判所に申し出てください。審理中の
　　休憩の取り方や，場合によっては，通訳人を複数選任
　　することなどについて，裁判所が，通訳人の意向も考
　　慮しつつ，個別に判断させていただくことになります。

③Q　公判期日までの準備事項で，これまでと異なる点は
　　ありますか。
　A　裁判員裁判では，供述調書等は全文朗読又は限りな
　　くこれに近い要旨の告知の方法によって取り調べられ

ることになります。その通訳の準備のため，あらかじ
め訴訟関係人から通訳人に資料が交付されることがあ
りますので，それを基に準備しておくとよいでしょう。
受け取った書類については，絶対に他人の目に触れる
ことのないよう細心の注意を払うようにしてください。

第5節　被害者参加

　　殺人，傷害，過失運転致死傷等の一定の刑事事件の被害
者や遺族の方等が，裁判所の許可を得て，被害者参加人と
して刑事裁判に参加し，検察官との間で密接なコミュニケ
ーションを保ちつつ，一定の要件の下で，公判期日に出席
するとともに，証人尋問，被告人質問及び事実又は法律の
適用についての意見の陳述を行うことができる制度です。

　　なお，被害者参加人が日本語に通じない場合にも，通訳
をお願いすることになります。

①Q　被害者参加人が発言するのは，具体的にはどのよう
　　　な場面ですか。
　A　情状に関する証人の供述の証明力を争うために必要
　　　な事項について証人を尋問する場面，被害者参加人が
　　　意見を述べるため必要と認められる場合に被告人に質
　　　問をする場面，事実又は法律の適用について意見を述
　　　べる場面などがあげられます。なお，被害者参加人が
　　　出席する際にも，付添い，遮へいの措置が認められて
　　　います（28ページ9（6）証人尋問ウ(ア)(イ)参照）。

②Q 被害者参加人が意見陳述を行う場合，どのように通訳をすればよいですか。

A 一文ずつ区切って通訳を行うか，陳述後にまとめて通訳を行うかなど，通訳の方法については，あらかじめ裁判所と相談しておくとよいでしょう。なお，意見陳述が長くなる場合には，被害者参加人が事前に準備していた読み上げ書面に基づいて通訳をしていただく場合もあります。

③Q 被告人から，どうして被害者等が法廷に立ち会っているのかと尋ねられた場合，どのように対応すればいいですか。

A そのような場合には，通訳人の判断で被告人に説明したりせず，裁判官に対してその旨を伝え，指示に従ってください。

第5章 その他の留意事項

①Q 判決宣告直後に，弁護人から，被告人に判決の内容やその後の手続について説明をするための通訳を依頼された場合はどうしたらよいですか。

A そのような説明が必要となる場合もありますので，依頼された場合にはよろしくお願いします。

②Q 弁護人以外の者から，被告人と接見等をする際の通

訳を依頼された場合にはどうしたらよいですか。

A　公正さに疑いを持たれる行為ですから，断ってください。

③Q　弁護人から上申書等の翻訳を依頼された場合にはどうしたらよいですか。また，その場合の報酬はどのようになりますか。

A　弁護活動を行う際に使用される一定の書面について，国選弁護人からの依頼に基づいて翻訳を行った場合には，弁護人から報酬の支払を受けることができます。依頼を引き受けるに当たっては，事前に報酬等について弁護人から説明を受けておくとよいでしょう。

④Q　通訳費用の負担について被告人から尋ねられたらどうしたらよいですか。

A　弁護人に尋ねるよう告げてください。ちなみに通訳にかかった費用については，裁判実務では被告人に負担させない運用が定着しています。

⑤Q　判決宣告により終了した事件の関係書類はどうしたらよいですか。

A　まず，判決要旨は，宣告後すぐに裁判所に返還してください。その他の書類については，裁判所から返還を求められなければ，処分して差し支えありませんが，書類が他人の目に触れないように，処分方法には十分に注意してください。

第2編

控訴審における刑事手続の概要

第2編　控訴審における刑事手続の概要

第1章　控訴審とは

1　上訴制度

上訴とは，未確定の裁判に対して，上級裁判所の審判による救済を求める不服申立ての制度です。

第一審の判決に不服がある場合には，訴訟当事者は，事実誤認，訴訟手続の法令違反，法令適用の誤り，量刑不当などを理由として，高等裁判所に対して上訴（控訴といいます。）することができます。控訴審の裁判所は，第一審が地方裁判所又は簡易裁判所のいかんにかかわらず高等裁判所です。控訴審では合議体で裁判を行います。

控訴審の判決に不服がある場合には，最高裁判所に上訴（上告といいます。）することができます。

2　控訴審の役割

控訴審では，申立人の指摘する控訴理由を中心に，第一審判決の当否を審査することが直接の目的とされます。審理の結果，第一審判決を維持すべきであれば控訴棄却，第一審判決を取り消す必要があれば原判決破棄となります。原判決破棄の場合には，第一審裁判所に事件を差し戻し，又は移送するときと，控訴審の裁判所が自ら事件について判決をし直すときとがあります。

第2章　控訴の申立て等

1　控訴の提起期間

控訴の申立てのできる期間は，14日以内と規定されています。この期間は，第一審判決の宣告のあった日の翌日から起算されます。

2　申立ての方式

第一審の判決（原判決ともいいます。）に対して控訴する場合には，当事者は控訴申立書を第一審の裁判所（原裁判所ともいいます。）に提出して行います。

控訴の申立てがあったとき，第一審裁判所は，速やかに訴訟記録及び証拠物を控訴裁判所に送付します。

3　上訴の放棄

上訴の放棄とは，上訴の提起期間満了前に，上訴する権利を放棄することですが，死刑，無期懲役及び無期禁錮のような重大な刑に処せられた判決に対しては上訴を放棄することはできません。

なお，上訴を放棄した者は，上訴の提起期間内であっても更に上訴を提起することはできません。

4　上訴の取下げ

上訴の取下げは，上訴審の判決があるまですることができます。

なお，上訴を取り下げた者は，上訴の提起期間内であっても更に上訴を提起することはできません。

第3章　控訴審の手続

第1節　控訴審の第1回公判期日までの手続

1　弁護人選任に関する手続

弁護人は審級ごとに選任しなければなりません。したがっ
て，第一審において弁護人を選任していた場合であっても，
控訴を申し立てた被告人は，控訴審でも弁護人を選任しよう
とする場合には，改めて裁判所に弁護人選任書を提出しなけ
ればなりません。裁判所の行う弁護人選任照会，国選弁護人
選任の手続等については第一審の場合と同様です。照会書に
ついては，高等裁判所の依頼に基づいて，第一審裁判所にお
いて送付するという取扱いが実務においてされています。

2　通訳人の選任に関する手続

　通訳人の選任については，第一審の場合と同様です。

3　被告人の移送

　控訴審において，被告人が勾留されている事件の公判期日
を指定するときは，その旨を検察官に通知しなければなりま
せん。通知を受けた検察官は，被告人の身柄を，速やかに控
訴審裁判所の所在地にある拘置所に移送します。

　これは，被告人が控訴審の公判に備えて，弁護人との打合
せ等の準備をしたり，自ら公判廷に出頭したりする際の便宜
等のためです。

4　控訴趣意書の提出

　控訴趣意書とは，控訴の申立てをした者が控訴審に対して
自己の主張である控訴理由を簡潔に指摘した書面です。控訴
趣意書は，被告人自身で書いて差し出すことも法律上はでき
ますが，通常は，弁護人が被告人のために作成して差し出し
ています。

　なお，控訴の申立ての理由は，控訴趣意書に記載すればよ

く，必ずしも控訴申立書に記載する必要はありません。

控訴審裁判所は，控訴趣意書を受け取ったときは，速やかにその謄本を相手方に送達しなければなりません。

＊控訴理由の限定

控訴の理由は，刑訴法に定められており，それ以外の事由を控訴理由とすることはできません。控訴の理由としては量刑不当が最も多く，事実誤認がこれに次ぎ，訴訟手続の法令違反，法令の適用の誤りもよく見られます。

＊控訴趣意書差出最終日の指定

裁判所は，控訴趣意書につき，期間を定めて提出を促します。その期間は，控訴趣意書差出最終日指定通知書を控訴申立人に送付することによって通知します。

5　答弁書の提出

答弁書は，控訴趣意書に対する相手方の意見を記載したもので，書面により控訴審裁判所に差し出すものです。

6　第 1 回公判期日の指定と被告人の召喚

控訴審においては，被告人は，裁判所が特に出頭を命じた場合以外は公判期日に出頭する義務はありません。しかし，公判期日に出頭し，自ら防御権を行使する権利は保障する必要がありますので，期日が指定されたときは，実務上，被告人に対して公判期日召喚状による召喚の手続がとられています。実際にも，被告人が出頭するケースが圧倒的に多いとされています。

＊被告人に対する出頭命令

裁判所は，５０万円以下の罰金又は科料に当たる事件

以外の事件について，被告人の出頭がその権利の保護の
ため重要であると認めるときは，被告人の出頭を命ずる
ことができます。この出頭命令があると，被告人は，公
判期日に出頭する義務が課せられることになります。

第2節　控訴審における公判審理

1　概要

　控訴審の公判審理は，まず第1回公判期日で，控訴を申し
立てた当事者から控訴趣意書に基づく弁論がなされ，これに
対する相手方の答弁があります。必要がある場合は請求又は
職権により事実の取調べが実施されます。

　事実の取調べが終了すると，当事者の請求により事実の取
調べの結果に基づき弁論をすることができます。

　弁論が終結されると，判決宣告期日が指定されて，その期
日に判決が宣告されます。

　＊被告人の弁論能力の制限

　　裁判所が被告人質問を採用したときには，被告人は訴
　訟関係人の質問に対して任意の供述はできますが，弁論
　をすることはできないとされています。したがって，被
　告人のためにする弁論は，弁護人でなければこれをする
　ことができません。

2　公判期日の手続の流れ

　(1)　通訳人の人定尋問と宣誓
　　第一審と同様の手続で行われます。

　(2)　被告人の人定質問
　　控訴審では，人定質問は必要的なものではなく，出頭し

た場合でも適宜の方法で人違いでないことを調べれば足りるとされています。実務では、被告人が出頭したときは、人定質問がなされるのが通例です。なお、控訴審でも「被告人」と呼ばれることは第一審と同じです。

人定質問がされる場合は、第一審と同様に、裁判長が被告人に対し、氏名、生年月日、国籍、日本における住居及び職業等を尋ねます。

＊黙秘権の告知

控訴審では、黙秘権の告知は必要的ではありませんが、行われることもあります。また、事実の取調べとして被告人質問をする場合に、その実施前に告知することもあります。

(3) 控訴趣意書に基づく弁論

検察官及び弁護人は、控訴趣意書に基づいて弁論しなければならないとされています。控訴趣意書に記載した事項を基礎としてそれに関連する事項を説明したりすることや、控訴趣意書の範囲内であれば、期間経過後に提出された控訴趣意補充書あるいは控訴趣意補正書等に基づく弁論をすることも許されているのが実務の取扱いです。控訴趣意書の範囲を逸脱したり、趣意書に記載のない新しい主張を付加したりすることは許されません。

被告人側が控訴を申し立てた場合に、被告人が自ら控訴趣意書を書いて提出することがありますが、被告人には弁論能力がありませんので、弁護人がその判断で被告人提出の控訴趣意書をも含めて弁論をすることになります。

控訴趣意書に基づく弁論は，弁護人と被告人との間の打
合せにより被告人に控訴趣意書の内容があらかじめ伝わっ
ている場合には，「控訴趣意書記載のとおり」として行わ
れることがほとんどです。被告人に内容が伝わっていない
場合などは，弁護人が必要に応じて控訴趣意書の内容を要
約したり，自ら要旨を作成して，それに基づき述べたりし
ます。

(4)　控訴趣意書に対する相手方の意見（答弁）

　　控訴の申立ての相手方は，答弁書に基づき，又は答弁書
の提出がないときは口頭で，控訴申立人の控訴趣意書の内
容に反論する弁論をします。

　　被告人控訴の場合に，事前に検察官から答弁書が提出さ
れている場合には，「答弁書記載のとおり」として答弁す
ることがほとんどです。答弁書が提出されていない場合に
は，検察官が口頭で「本件控訴は理由がないので，棄却さ
れるべきである。」などと答弁することになります。

(5)　事実の取調べ

　　控訴審の審査は，控訴理由の有無の調査という形で行わ
れますが，事実の取調べはその調査の一方法です。控訴趣
意書に包含された事項についての調査は，義務的に行われ
ますが，事実の取調べはその調査に必要な場合に制限され
ています。

　　事実の取調べとしては，第一審における証拠調べの方法
にのっとり，証人尋問，検証，鑑定，被告人質問あるいは
書証の取調べなどが行われることになります。

このほか，審理の過程で訴因等が変更される場合もあります。

(6) 事実の取調べの結果に基づく弁論

事実の取調べをしたときは，検察官及び弁護人は，その結果に基づいた弁論をすることができますが，任意的なものです。そして，この弁論は，事実の取調べの結果，控訴理由の存否につき意見をふえんする必要がある場合にその点に限って認められるものです。したがって，事件全般についての意見を陳述する第一審のいわゆる論告や弁論とは性質を異にします。

なお，被告人には弁論能力がないので，事実の取調べの結果に基づく弁論を認めず，その最終陳述も認めない扱いが実務の大勢です。

(7) 次回公判期日の指定・告知

3 判決宣告期日

判決宣告・上訴期間等の告知

(判決主文例については96ページ，判決理由の例については116ページ参照)

＊被告人の収容

第一審判決で禁錮以上の刑の言渡しがされている場合に，控訴棄却の判決があると，保釈又は勾留の執行停止はその効力を失い，新たな保釈又は執行停止がない限り，被告人の身柄については，収容の手続がとられることになります。ただし，控訴審では直ちに収容の手続をとらないのが通例です。

第３編

法廷通訳参考例

第3編　法廷通訳参考例

　ここでは，刑事裁判における具体的なやりとりの例を取り上げ，通訳の参考例を対訳の形で収録しています。第1編，第2編の刑事裁判手続の説明と合わせて活用してください。

概要目次
概要目錄

第1章 勾留質問手続

1 前置き

(裁) 私は，○○地方裁判所の裁判官です。検察官から勾留請求といって，引き続いてあなたを留置してほしいという請求がありました。そこで，これからあなたを勾留するかどうかを判断する前提として，あなたに対して被疑事実を告げ，それに関するあなたの陳述を聴くことにします。その前にいくつかの注意及び説明をします。

2 黙秘権の告知

(裁) まず第一に，あなたには黙秘権があります。私の質問に対し，始めから終わりまで黙っていてもいいし，個々の質問に対して答えを拒むこともできます。答えないからといって，それだけで不利益な扱いを受けることはありません。

3 弁護人選任権の告知

(裁) 第二に，あなたは自分の費用で弁護人を選任する権利があります。弁護人を選任したいときには，特定の弁護士や弁護士法人，弁護士会を指定して申し出ることができます。申出をする場合は，この場で申し出ることもできますし，留置施設に申し出ることもできます。

（被疑者国選弁護人選任請求が行える場合）

あなたが経済的な理由などで自分の費用で弁護人を選任することができないときは，裁判官に弁護人の選

第 1 章　羈留（扣留）訊問程序

1 前言

（法）　我是○○地方法院的法官。檢控官提出扣留申請，希望繼續扣留你。為判斷要不要繼續扣留你，會先告訴你受嫌疑的事實，再聆聽你對此的陳述。而在此以前，有數點的注意事項及説明事項。

2 告知保持沉默權

（法）　首先，你有保持沈默權。對我的問題，你可以由始至終保持沈默，也可以拒絕回答個別問題。即使你不回答，也不會受到因此而受到不利的對待。

3 告知選任辯護律師的權利

（法）　第二，你有權自雇辯護律師。在選任辯護律師時，可以要求指定特定的律師，律師樓或律師會。如提出要求的話，可以在這裏提出，又或者在羈留設施提出。

（如受疑人請求選任國選辯護律師時）

如果你因為經濟等理由而不能自雇辯護律師時，你可請求法官選任辯護律師。但如果要請求的話，必需提交財力

任を請求することができます。この請求をする場合には，資力申告書を提出しなければなりません。また，資力申告書の資力の合計額が 50 万円以上の場合には，あらかじめ，○○弁護士会に弁護人の選任の申出をしていなければなりません。

4　勾留の要件の説明

（裁）　あなたに，罪を犯したと疑うに足りる相当な理由があり，かつ，住居が不定であるか，証拠を隠滅したり逃亡したりすることを疑うに足りる相当な理由がある場合には，勾留されることになるかもしれません。

5　勾留の期間の説明

（裁）　勾留される期間は，原則として 10 日間です。しかし，場合によっては，10 日たつ前に釈放されることもありますし，更に最大 10 日間勾留が延長されることもあります。

6　被疑事実の告知

（裁）　それでは，勾留請求の理由となっている犯罪事実を読むのでよく聞いてください。その後で，これに対して言いたいことがあったら述べてください。

　　　「被疑者は，令和○○年 10 月 10 日午後 6 時 50 分ころ，○○市丸山町 1 番 1 号所在の株式会社甲百貨店（代表取締役甲野太郎）本店 3 階貴金属売場において，同社所有のダイヤモンド指輪 1 個（時価 300 万円相当）を自己の背広の内側ポケットに入れて窃取したものである。」

申報書。又如果財力申報書的財力額在 5 0 萬日元以上的話，必需事先向○○律師會申請選任辯護律師。

4 羈留（扣留）必要條件的說明

（法）　若有足夠的理由懷疑你犯罪，又或許你居無定所，有足夠的理由懷疑你會隱滅證據或潛逃的話，你可能會被扣留。

5 羈留（扣留）期間的說明

（法）　原則上，被羈留期間是十天。但是，有可能會在十天內被釋放，也有可能會再延長以十天為上限的羈留，看情況而定。

6 告知涉嫌事實

（法）　現在我讀出作爲申請羈留理由的犯罪事實，請好好聽著。在這之後，請陳述你想說的。

　　　「受疑人在令和○○年 1 0 月 1 0 日下午 6 時 5 0 分左右，在位於○○市丸山町 1 番 1 號的甲百貨店有限公司（代表董事甲野太郎）總店 3 樓的貴金屬部鋪面偷取這公司所有的鑽石戒指（時價約 3 0 0 萬日元），把它放進自己西裝的裏袋裏。」

7 被疑事実に対する陳述

（裁）　・　事実はそのとおり間違いありません。

　　　　・　身に覚えがありません。

　　　　・　検察庁で述べたとおりです。

8 勾留通知先

（裁）　あなたが勾留されることになった場合には，裁判所から弁護人あてにその旨を通知します。弁護人がない場合には，国内にいるあなたの配偶者，親兄弟等のうち，あなたが指定する1人に通知します。また，弁護人もそのような家族もない場合には，雇主とか知人などのうちからあなたが指定する1人に通知します。通知先の氏名，住居，電話番号を述べてください。

（被）　日本にいる兄に連絡してください。

（裁）　住所と名前は。

（被）　名前は，Aです。私と同じところに住んでいます。

9 領事機関への通報

（裁）　あなたは，○○国国民として，領事関係に関するウィーン条約第36条第1項（b）の規定により，勾留の事実を○○国領事官に通報することを要求しますか。

（被）　通報することを要求します。〈要求しません。〉

（裁）　なお，領事機関に対しては，我が国の法令に反しない限り，信書を発することができます。

10 読み聞け

（書）　あなたが述べたことを調書に書きましたので，それを読み上げます。間違いなければここに署名して，左

7 陳述被懷疑事實

（受）・ 沒有錯，與事實相符。

・ 這不是事實。

・ 和在檢控院所陳述的一樣。

8 羈留（扣留）通知書

（法） 如決定把你羈留（扣留）的話，法院將會把這事實通
知你的辯護律師。若沒有辯護律師的話，將通知你指定
的住在國內的配偶或親兄弟等中的其中一人。又如果既
沒有辯護律師，也沒有那樣的家屬的話，將通知你所指
定的雇主或友人等中的其中一人。請說出被通知者的姓
名，地址，電話號碼。

（受） 請聯絡我在日本的哥哥。

（法） 地址及姓名是。

（受） 姓名是 A，跟我住在同一個地方。

9 通報領事機關

（法） 你作爲○○國國民，基於有關領事關係的維也納條約
36 條第 1 項（b）的規定，你要求把扣留的事通知○○
國領事官嗎？

（受） 我要求〈不要求〉通知領事官

（法） 另外，在不違反我國法令下，可對領事機關發出書信。

10 朗讀及傾聽

（書） 我已寫下你的口供紀錄，我會把它朗讀一下。如果沒
有錯誤的話，請在這裏簽名，並用左手的食指打指引。

人指し指で指印してください。

第2章　公判手続

1　開廷宣言

（裁）　開廷します。

2　通訳人の宣誓

（通）　良心に従って誠実に通訳をすることを誓います。

3　人定質問

（裁）　被告人は前に出てください。＜被告人は起立してください。＞

名前は何と言いますか。

生年月日はいつですか。

国籍（本籍）はどこですか。

日本国内に定まった住居はありますか。

職業は何ですか。

4　起訴状朗読

（裁）　それでは，これから被告人に対する○○被告事件についての審理を始めます。

起訴状は受け取っていますね。

まず，起訴状が朗読されますから，被告人は聞いていてください。

検察官，起訴状を朗読してください。

5　黙秘権の告知

（裁）　これから，今朗読された事実についての審理を行いますが，審理に先立ち被告人に注意しておきます。被告人には黙秘権があります。したがって，被告人は答

第 2 章　公審程序

1　開庭宣言

　　（法）　現在開庭。

2　翻譯的宣誓

　　（翻）　我發誓會憑著良心誠實地翻譯。

3　審問核實本人

　　（法）　被告人請走到前面。〈被告人請起立〉

　　　　　　説出你的姓名。

　　　　　　你的出生日期是什麼？

　　　　　　你的國籍（原籍）是哪兒？

　　　　　　在日本有固定的住所嗎？

　　　　　　你從事什麼的職業？

4　朗讀控罪書

　　（法）　那麼現在開始審理對被告人的○○被告案件。

　　　　　　你已收到控罪書吧。

　　　　　　首先，將會朗讀控罪書，請被告聽著。

　　　　　　檢控官，請朗讀控罪書。

5　告知保持沉默權

　　（法）　現在開始審理關於所朗讀的事實。在審理以前要提醒
　　　　　　被告人幾件事。被告人有保持沉默權。因此，被告人可
　　　　　　以拒絕回答不想回答的問題。並且被告人可以從開始到

えたくない質問に対しては答えを拒むことができます
し，また，始めから終わりまで黙っていることもでき
ます。もちろん質問に対して答えたいときには答えて
よいですが，被告人がこの法廷で述べたことは，被告
人に有利，不利を問わず証拠として用いられることが
ありますから，そのことを念頭に置いて答えるように
してください。

6　被告事件に対する陳述

（裁）　検察官が今読んだ事実について何か述べることはあ
りますか。

（被）　・　事実はそのとおり間違いありません。

・　事実は身に覚えがありません。

・　酒を飲んでいたので，よく覚えていません。

・　物を取ったのは確かですが，人は殺していませ
ん。

・　被害者を刺したのは確かですが，殺すつもりは
ありませんでした。

7　弁護人の意見

（弁）　・　被告人の陳述のとおりです。

・　被告人には，窃盗の故意がないので，無罪を主
張します。

・　被告人には，窃盗の実行の着手がありませんの
で，無罪を主張します。

・　被告人の行為は正当防衛に当たるので，無罪を
主張します。

完結都不説話。當然想回答問題時可以回答。被告人在這法庭所陳述的事，不論是有利與否，都會用作證據。請作答時謹記這事。

6　陳述被告案件

（法）　關於檢控官所讀出的事實，你有什麼要説嗎？

（被）・沒有錯，與事實相符。

　　　・這不是事實。

　　　・因爲喝了酒，不能記得很清楚。

　　　・沒錯，我是拿了東西，但是我沒有殺人。

　　　・沒錯，我是插傷了受害者，但沒有意圖殺害他。

7　辯護律師的意見

（辯）・跟被告人所陳述一樣。

　　　・因被告人並沒有意圖去盜竊，我主張無罪。

　　　・因被告人並沒有準備去實行盜竊，我主張無罪。

　　　・被告人的行爲相當於正當防衛，我主張無罪。

8　検察官の冒頭陳述

（裁）　それでは検察官，冒頭陳述を行ってください。

　　　　検察官が証拠によって証明しようとする事実を述べ
　　　　ますので，被告人は聞いていてください。

（検）　検察官が証拠により証明しようとする事実は次のと
　　　　おりであります。被告人は・・・・。

9　弁護人の冒頭陳述

（公判前整理手続が実施された場合で，弁護側の主張がある
ときには必ず行われるが，同手続が実施されなかった場合
でも行われることがあり得る。）

（裁）　続いて，弁護人の冒頭陳述をどうぞ。

（弁）　それでは，弁護人の冒頭陳述を申し上げます。被告
　　　　人は，本件犯行を行っておらず，無罪です。すなわち
　　　　・・・・。

10　公判前整理手続の結果顕出

（公判前整理手続が実施された場合）

（裁）　次に，公判前整理手続の結果を明らかにする手続を
　　　　行います。この公判に先立ち，裁判所，検察官，弁護
　　　　人の3者によって行われた公判前整理手続の結果，本
　　　　件における主たる争点は，次の2点であることが明ら
　　　　かになっています。まず第1点は・・・・。

11　証拠調べ請求

（検）　証拠等関係カード（甲）（乙）記載の各証拠の取調べ
　　　　を請求します。

12　証拠（書証・証拠物）請求に対する意見

8 檢控官的開頭陳述

(法) 檢控官，現在請你開始進行開頭陳述。

檢控官將會陳述根據證據來證明的事實，請被告人聽著。

(檢) 檢控官想根據證據來證明以下的事實。被告人···

9 辯護律師的開頭陳述

(如已實施公審前整理手續而辯方有意見的話，這必須進行。但即使上述手續沒有實施，這也有可能進行。)

(法) 接下來請辯護律師作開頭陳述。

(辯) 現在開始作出辯護律師的開頭陳述。被告人並沒有做出本案的犯罪行為，是無罪的。即···。

10 公審前整理手續的結果

(如已實施公審前整理手續)

(法) 接下來，會進行公審前整理手續結果的開示程序。在這公審前由法院、檢控官及辯護律師三者所共同進行的公審前整理手續的結果，以下的兩點很明顯地是本案的主要爭論點。首先，第一點是····。

11 申請調查證據

(檢) 請求調查與證據等有關係的卡（甲）（乙）上所記載的證據。

12 對申請證據（文書類的證物·證物）的意見

（裁）　弁護人，御意見はいかがですか。

（弁）・　すべて同意します。

・　甲3号証と甲4号証の目撃者Aの検察官と司法
警察員に対する供述調書については不同意です。
その余の各証拠は同意します。

・　証拠物については異議ありません。

・　乙3号証の被告人の司法警察員に対する供述調
書は，取調べ警察官の脅迫により録取されたもの
であり，任意性を争います。

・　乙5号証の被告人の司法警察員に対する供述調
書は，供述録取に際し，共犯者をかばって供述し
たものであるので，その調書には信用性がありま
せん。

・　乙9号証の被告人の検察官に対する供述調書は，
検討中のため意見を留保します。

13　書証の要旨の告知・証拠物の展示

（裁）　それでは，同意のあった各証拠は採用し，取り調べ
ることにします。検察官，書証の要旨を告知し，証拠
物を示してください。

　　　　検察官が書証の要旨を告げますので，被告人は聞い
ていてください。

（検）・　甲1号証は，司法警察員作成の捜査報告書です。
被告人の出入国状況を示したもので，「被告人は，
令和○○年10月14日，Y国から，短期在留資
格（90日）の条件で来日した。在留資格は，令

（法）　辯護律師，你的意見如何？

（辯）・完全同意。

　　　・不同意關於甲3號證和甲4號證的目擊者A對檢控官及司法警員的口供紀錄，其餘的證據都同意。

　　　・關於證物沒有異議。

　　　・乙3號證的被告人對司法警員作的口供紀錄，是在進行調查的警員的威脅下被錄取的，自願性有爭論餘地。

　　　・乙5號證的被告人對司法警員作的口供紀錄，在錄取口供時，因被告為保護共犯而供述，所以這口供紀錄並沒有信用性。

　　　・乙9號証的被告人對檢控官作的口供紀錄，因現正檢討中，會保留意見。

13　告知文書類的證物的概要・呈示證物

（法）　現在，採用得到同意的各種證據進行調查。檢控官、請告知文書類的證物的概要並展示證物。

　　　檢控官將告知文書類證物的概要，請被告人聽著。

（檢）・甲1號證是司法警員所作出的搜查報告書，顯示被告人的出入境狀況。其內容是「被告人在令和○○年10月14日，從Y國以短期居留資格（90日）的條件來日本。居留資格的期限到令和○○年1月12日，

和〇〇年1月12日までとなっているが，在留期間の更新は受けていない。」という内容です。

- 甲2号証は，被告人の婚約者甲野花子の司法警察員に対する供述調書です。内容は被告人の生活状況です。
- 乙1号証は，被告人の司法警察員に対する供述調書です。

  被告人の身上，経歴等を述べたものです。
- 乙2号証，乙3号証は，被告人の司法警察員に対する供述調書であり，乙4号証は，被告人の検察官に対する供述調書です。

  乙2号証から乙4号証は，いずれも被告人が本件の犯行状況について述べたものですので，乙4号証でまとめて要旨を告げます。

  「私は，日本で働いてお金を稼ぐために，令和〇〇年10月14日，Y国から，日本に来ました。日本では，最初に鈴木建設という会社で働き，次に田中土建という会社で働きました。在留期間が令和〇〇年1月12日までということは分かっていましたが，お金を稼ぎたいのでそのまま日本にいました。」
- 乙5号証は，被告人の身上関係についての捜査報告書です。

14 証人申請

（裁）　検察官，不同意とされた証拠についてはどうされま

但被告人並沒有延長居留期限」。

・甲 2 號證是被告人的未婚妻甲野花子對司法警員作的口供紀錄。內容關於被告人的生活狀況。

・乙 1 號證是被告人對司法警察作的口供紀錄。

記述了被告人的過往經歷等。
・乙 2 號證、乙 3 號證是被告人對司法警員作的口供紀錄。乙 4 號證是被告人對檢控官作的口供紀錄。

從乙 2 號證到乙 4 號證都是關於被告人陳述本案的犯罪狀況，因此下面以乙 4 號證來陳述整體的概要。

「我為了在日本打工賺錢，令和○○年 10 月 14 日從 Y 國來到日本。來到日本後，先在一間叫鈴木建設的公司工作，然後在一間叫田中土建的公司工作。雖然我知道居留期限為令和○○年 1 月 12 日，但是為了賺錢，我就這樣留在日本。」

・乙 5 號證是關於被告人的背景的搜查報告書。

14　申請證人
（法）　檢控官、對不被同意的證據你打算怎麼辦？

すか。

（検）　撤回して，証人Ａを申請します。

15　証人申請に対する意見及び証人の採用

（裁）　弁護人，御意見は。

（弁）　しかるべく。

（裁）　それでは，Ａを証人として採用します。

16　証人の尋問手続

(1)　証人の宣誓

（裁）　ただいまから，あなたをこの事件の証人として尋
　　　問しますから，まずうそをつかないという宣誓をし
　　　てください。その宣誓書を朗読してください。

（証）　宣誓　良心に従って真実を述べ，何事も隠さず，
　　　偽りを述べないことを誓います。証人Ａ。

（裁）　証人は，今宣誓したように本当のことを証言して
　　　ください。もし宣誓した上で虚偽の証言をすると，
　　　偽証罪で処罰されることがあります。

　　　　証人が証言することによって証人自身又は証人の
　　　近親者が刑事訴追を受けたり，有罪の判決を受ける
　　　おそれのある事柄については，証言を拒むことがで
　　　きますから，その場合には申し出てください。

(2)　異議申立て及びその裁定

（検）　弁護人のただいまの発問は，誘導尋問ですから，
　　　異議を申し立てます。

（弁）　反対尋問においては，誘導尋問も許されるので，
　　　検察官の異議の申立ては，理由がないと思料いたし

（檢）撤銷它們並申請證人 A。

15　對申請證人的意見及證人的採用

　　（法）　辯護律師、你的意見是？

　　（辯）　適當。

　　（法）　這樣的話，採用 A 為證人。

16　證人的聆訊程序

（1）　證人的宣誓

　　　　（法）　現在開始，將會聆訊作爲事件證人的你，首先請宣
　　　　誓你不會說謊。請朗讀那宣誓書。

　　　　（證）　宣誓　我憑著良心講述真實，不隱瞞任何事，不説
　　　　謊言，特此宣誓。證人 A。

　　　　（法）　請證人如宣誓所説，作真實的證供。如果宣誓後作
　　　　虛假證供，有可能會因僞證罪而受處罰。

　　　　如證人因所作的證供裏有令證人本身又或是證人
　　　　的近親者有受刑事追訴的可能的事，可以拒絕作証，
　　　　屆時請提出。

（2）　提出異議及其裁定

　　　　（檢）　辯護律師剛才的發問是誘供，我提出異議。

　　　　（辯）　在作反方盤問時是容許誘供的。因此，我認爲檢控
　　　　官提出異議是沒有理由的。

ます。

（裁）　異議を棄却します。

(3)　証人尋問の終了

（裁）　証人尋問を終わります。証人は，お疲れさまでした。

17　その他の手続

(1)　弁論の併合決定

（裁）　本件に被告人に対する令和○○年（わ）第○○号強盗被告事件を併合して審理します。

(2)　訴因及び罰条等の変更

（検）　起訴状記載の訴因を「被告人は・・・・したものである。」と，罪名及び罰条を「窃盗　刑法２３５条」とそれぞれ変更の請求をします。

（弁）　検察官の請求に異議ありません。

（裁）　訴因及び罰条等の変更を許可します。

(3)　被害者特定事項の秘匿決定後，被害者の呼称の定めがされた場合

（裁）　今後の審理においては，令和○○年６月２０日付け起訴状記載の公訴事実第１の被害者のことを「被害者Ａ」と，同年７月１０日付け追起訴状記載の被害者のことを「被害者Ｂ」と呼ぶこととします。

(4)　被害者参加許可決定

（検）　本日，被害者Ａさんから被害者参加の申出がありました。検察官としては，相当であると考えます。

（裁）　弁護人の御意見はいかがですか。

（法） 駁回異議。

(3) 證人聆訊的結束

（法） 證人聆訊在此結束。證人，辛苦你了。

17 其他的程序

(1) 辯論的拼案審理決定

（法） 本案將與被告人的令和〇〇年（わ）第〇〇號被告搶劫案件拼在一起審理。

(2) 訴訟原因及處罰條文等的變更

（檢） 我請求把控罪書所載的訴訟原因改為「被告人是做了‧‧‧的人。」，同時把罪名及處罰條文分別改爲「盜竊 刑法235條」。

（辯） 對檢控官的請求沒異議。

（法） 准許訴訟原因及處罰條文等的變更。

(3) 作了特定受害人的事項的保密決定後，對受害人的稱呼有規定的情況

（法） 今後審理時，將稱在令和〇〇年6月20日的控罪書所記載的檢控事實的第1的受害人為「受害人A」，在同年7月10日的追加控罪書所記載的受害人為「受害人B」。

(4) 准許受害人參加的決定

（檢） 今天受害人A提出了受害人參加的要求。作為檢控官，我認爲這是恰當的。

（法） 辯護律師的意見怎樣？

（弁）　しかるべく。

（裁）　申出人の本件被告事件の手続への参加を許可します。

(5)　被害者等の被害に関する心情その他の被告事件に関する意見陳述

（被害者等からの申出がある場合）

（裁）　被害者の方からの心情その他の意見陳述を行います。では，被害者の方は証言台に進んで，その意見を陳述してください。

（害）　・　私は，被告人に殴られて，半年も入院しました。その間，身体の自由が利かず，仕事もできず，とてもつらい思いをしました。

　　　　・　被告人のことは，絶対に許せません。

(6)　即決裁判手続

ア　被告事件に対する有罪の陳述

（起訴状朗読及び黙秘権の告知後）

（裁）　検察官が今読んだ事実について何か述べることはありますか。

（被）　間違いありません。

（裁）　事実は間違いないということですが，この事実について，有罪であるとして処罰されても構わないということですか。

（被）　はい。

イ　弁護人の意見

（裁）　弁護人の御意見は。

（辯）　適當。

（法）　許可要求者參加本被告案件的手續。

（5）　受害人等陳述對有關受害的心境等受害事件相關的意見

（如受害人等自己提出要求的話）

（法）　受害人將陳述對受害的心境等意見。那麼，受害人請
　　　　進證人台陳述你的意見。

（害）·我被被告人毆打，住了醫院半年。在此期間，失去了
　　　　身體的自由，不能工作，非常痛苦。

　　　　·絕對不原諒被告人。

（6）　立即宣判審判程序

① 針對被告案件有罪的陳述

（朗讀控罪書及告知保持沉默權後）

（法）　關於剛才檢控官所讀出的事實，有什麼要説嗎？

（被）　事實沒有錯。

（法）　你説與事實沒有相違，基於這個事實可判你有罪，
　　　　作出處罰，這也沒有異議嗎？

（被）　是的。

② 辯護律師的意見

（法）　辯護律師的意見怎樣？

（弁）　被告人の陳述と同様です。

　ウ　即決裁判手続によって審判する旨の決定

　　　（裁）　本件については，検察官から即決裁判手続の申
　　　　　　立てがされています。被告人，弁護人は即決裁判
　　　　　　手続によることについて同意しており，被告人は
　　　　　　有罪である旨の陳述をしていますので，本件を即
　　　　　　決裁判手続によって審判することとします。

　エ　証拠調べ請求等

　　　（裁）　では，証拠調べに入ります。検察官，証拠調べ
　　　　　　請求をお願いします。

　　　（検）　本件公訴事実を立証するため，証拠等関係カー
　　　　　　ド（甲）（乙）記載の各証拠の取調べを請求します。

　　　（裁）　弁護人，いかがですか。

　　　（弁）　いずれも，証拠とすることに異議はありません。

18　論告

　（裁）　検察官，御意見を伺います。

　　　検察官がこの事件に対する意見を述べますので，被
　　告人は聞いていてください。

　（検）　それでは論告いたします。

　　　・　まず，事実についてですが，本件公訴事実は，
　　　　当公判廷で取り調べられた関係各証拠によって証
　　　　明十分と思料します。

　　　・　情状について申し上げます。本件は，被告人が，
　　　　金を稼ぐ目的で，当初から不法に残留することを
　　　　予定して入国し，2年余りにわたって不法に残留

（辯）　與被告人的陳述一樣。

③　通過立即宣判審判程序進行審判的決定理由

　　（法）　有關本案，檢控官提出立即宣判審判程序的申請。
　　　　　　被告人，辯護律師都同意用立即宣判審判程序，因
　　　　　　被告人陳述有罪的意向，本案決定用立即宣判審判
　　　　　　程序審判。

④　請求調查證據等

　　（法）　現在開始調查證據。檢控官、請作出調查證據的
　　　　　　要求。
　　（檢）　為了要證明本案的檢控事實，我請求調查與證據
　　　　　　等有關係的卡（甲）（乙）所記載的各種證據。
　　（法）　辯護律師，有沒有意見？
　　（辯）　對於兩方的證據都沒有異議。

18　總結發言

　　（法）　檢控官、請說出你的意見。
　　　　　　檢控官將會陳述對此案的意見，被告人請聽著。

　　（檢）　以下開始總結發言。
　　　　　　・首先，關於本案的事實，我認爲根據本公審法庭審理
　　　　　　的各項有關證據，已經充分證明了本案的檢控事實。

　　　　　　・下面說一下狀況。本案是被告人為了賺取金錢，從一
　　　　　　開始時便打算爲了非法殘留而入境，之後，非法殘留
　　　　　　長達兩年多。考慮被告人非法殘留期間這樣長等事

した事案であり，その残留期間の長さなどを考えると，被告人の刑事責任は重大であります。

・　求刑ですが，以上諸般の事情を考慮し，相当法条適用の上，被告人を，懲役1年6月に処するのを相当と思料します。

19　被害者参加人の弁論としての意見陳述

（事前に被害者参加人からの申出がされ，これが許可されている場合）

（裁）　では，弁論としての意見陳述をお願いします。

（参）　この事件の被害者参加人として，私の意見を述べます。

・　被告人は，何の関係もない私に対し，いきなり言い掛かりをつけ，その後，急に殴りかかってきました。

・　このため，私は1か月もの入院を余儀なくされるほどの重傷を負いました。入院中は身体の自由が利かず，本当につらい思いをしました。

・　被告人は，私にも落ち度があるなどといって謝罪すら行わず，また，慰謝料はおろか，入院費用さえも支払っていません。

・　このような被告人のことは，どうしても許せません。私は，被告人を懲役4年の刑にしてほしいと思います。

20　弁護人の弁論

（裁）　弁護人の御意見を伺います。

實，被告人有重大的刑事責任。

・求刑，考慮到以上種種事情，加上適用有關的法律條文，我認爲應當判處被告人需勞役的監禁 1 年 6 個月的刑罰。

19 作爲受害人參加者辯論的意見陳述

（受害人參加者在事前作出申請而得到許可的情況下）

（法） 請開始作爲辯論的意見陳述。

（參） 作爲這案件的受害人參加者，我將陳述我的意見。

・我與被告人本來完全沒關係，但被告人突然在語言上找我的麻煩，然後忽然毆打我。

・由此我負了不得不留醫一個月的重傷。入院期間身體失去自由，非常痛苦。

・被告人認爲我也有不對之處，不但不認錯，同時不要說安慰費了，連住院費也沒有支付。

・像這樣的被告人，怎樣也不能原諒他。我希望被告人被判處需勞役的監禁 4 年的刑罰。

20 辯護律師的辯論

（法） 辯護律師，請説出你的意見。

（弁）　では，被告人のため，弁論いたします。

(1)　出入国管理及び難民認定法違反（自白事件）の例

　　・　本件公訴事実に関しては，被告人は当公判廷においてもこれを素直に認めており，弁護人としてもこれに対し特段異議をとどめるべき点はございません。

　　・　被告人も当公判廷で供述したとおり，本件は弁解の余地のない違法行為であり，被告人自身，長期にわたる不法残留については十分反省し，国外に退去した後は2度と日本には来ないと供述しており，今後2度とこのような違法行為を繰り返さないことを誓っているものです。

　　・　被告人の残留目的は，就労であり，それ以外の不法な目的を有していたものではありません。

　　・　現に，来日してから逮捕されるまでの間は，まじめに稼働しており，本件以外の犯罪を犯したこともなく，前科前歴はありません。

　　・　被告人は今回，逮捕，勾留，起訴という厳しい処分を受け，既に相当の期間の身柄拘束処分を受けており，十分な社会的，経済的制裁を受けています。

　　・　以上の事情を併せ考慮されて，被告人に是非とも自力更生，再起の機会を与えていただきたく，執行猶予の寛大な判決を下されるよう，切にお願いする次第です。

(2)　窃盗（否認事件）の例

　　・　被告人は，指輪を買うつもりだったのであり，窃盗

（辯） 以下為被告人進行辯論。

(1) 違反出入境管理及難民認定法（自供案件）的例子

・關於本案的檢控事實，被告人在本公審法庭上老實地承認了，作爲辯護律師，對此沒有特別要表示異議的地方。

・正如被告人在本公審法庭上所作供述一樣，本案的違法行爲並沒有辯解的地方。被告人本人對長期的非法殘留充分反省，並供述遣送離境後將不會再到日本，發誓不會再重複這樣的違法行爲。

・被告人的殘留目的是工作，沒有其他的不法目的。

・實際上，從來到日本直至逮捕的這段時間內，被告人認真地打工，除本案外，並沒有犯罪，也沒有案底。

・這一次被告人受到逮捕、扣留、檢控的嚴重處分，已受到相當期間的沒有行動自由的處分，受到足夠的社會制裁，經濟制裁。

・請綜合考慮以上的事情，希望能給被告人自力更生，重新造人的機會。我懇請給予被告人寬大的緩期執行判決。

(2) 盜竊（否認案件）的例子

・被告人原準備買戒指的，沒意圖去偷竊，是無罪的。以

の故意はなく，無罪です。このことは証拠によって認められる次の事実から明らかであります。

（中略）

・　以上のことから，被告人には窃盗の故意がなく，無罪であります。

21　被告人の最終陳述

（裁）　これで審理を終わりますが，最後に何か言っておきたいことはありますか。

（被）　・　申し訳ないことをしたと思います。

　　　　・　私は盗むつもりはありませんでした。早く自分の国へ帰らせてください。

22　公判期日の告知

(1)　次回公判期日の告知

（裁）　次回公判期日は，令和〇〇年 11 月 8 日午前 10 時 30 分と指定します。

(2)　判決言渡期日の告知

（裁）　それでは，判決は令和〇〇年 12 月 6 日午後 1 時にこの法廷で言い渡します。

23　判決宣告

（裁）　被告人に対する〇〇被告事件の判決を言い渡します。

（判決主文の例については，第 3 章及び第 4 章参照）

　　　理由・　当裁判所が証拠により認定した罪となるべき事実（犯罪事実）の要旨は次のとおりである。

　　　　　・　そこで，所定の法条（法律）を適用して，

證據所證明的以下的事實來看，這一點是很清楚的。

（省略）

・基於以上的事實，被告人沒意圖去盜竊，是無罪的。

21 被告人的最終陳述

　　（法）　審理到此結束，最後有什麼要說的嗎？

　　（被）・我做了不應該做的事。

　　　　　・我沒意圖去偷東西。請早日讓我回國。

22 告知公審日期

（1）告知下次公審日期

　　（法）　指定下次公審日期為令和〇〇年11月8日早上10
　　　　　時30分。

（2）告知宣判日期

　　（法）　就此，將在令和〇〇年12月6日下午1時在這法庭
　　　　　宣判。

23 宣告判決

　　（法）宣告對〇〇被告案的被告人的判決。

　　　　（關於判決主文的例子，請參照第3章及第4章）

　　　　理由・此法院根據證據所認定的構成犯罪的事實（犯罪
　　　　事實）的概要如下。

　　　　　　・在此，應用所定法條（法律），作出了如主文所

主文のとおり判決する。

・　刑を定めるに当たって考慮した事情は以下
のとおりである。

（判決理由の例については，第 5 章及び第 6 章
参照）

24　刑の全部の執行猶予の説明

(1)　身柄拘束中の被告人の刑の全部の執行猶予

（裁）　刑事裁判の手続としては，釈放されます。今後〇
年間のうちに日本で罪を犯さなければ，刑務所に入
らなくてもよくなります。しかし，この〇年間のう
ちに日本で罪を犯してまた刑に処せられることがあ
ると，この執行猶予は取り消されます。そうなると，
今回の懲役〇年の刑を実際に受けなければならなく
なります。もちろん，その場合には新たに犯した罪
の刑も受けます。そういうことのないように，十分
注意してください。

(2)　既に不法残留になっている被告人の刑の全部の執行猶予

（裁）　なお，被告人の場合は既に在留期間が経過してい
ますから，この判決の後間もなく，入国管理局にお
いて被告人を本国に送還する手続がなされると思い
ます。したがって，結局，送還後〇年間日本に来て
犯罪を犯さなければ，今回の刑を受けることはない
ということになります。

25　刑の一部の執行猶予の説明

（裁）　主文は先ほど述べたとおり，懲役〇年です。このう

述的判決。

· 在決定刑罰時，考慮到以下的事情。

（關於判決理由的例子，請參照第 5 章及第 6 章）

24 全部緩刑的説明

（1）對在羈留（扣留）中的被告人的全部緩刑

（法） 作爲刑事裁判程序，你將被釋放。今後○年内如不再
在日本犯罪的話，便不需進入監獄。但是如果在○年内
再在日本犯罪並且被判刑的話，這次的緩期執行便會被
取消。届時，要實際接受這次的○年的需勞役的監禁刑
罰。當然，在那樣的情況下，新的犯罪刑罰也需要服的。
請小心不要令這樣的事發生。

（2）已是非法殘留的被告人的全部緩刑

（法） 因爲被告人的居留期限已過，所以在這判決後不久，
入境管理局將進行把被告人遣返被告人國家的手續。因
此，如果被告人在遣返後○年内不再來日本犯罪的話，
便不需服這次的刑。

25 部分緩刑的説明

（法） 主文如剛才所説，需勞役的監禁○年。其中○個月的

ち，〇月の執行を猶予することとなりますが，その残
りについては猶予されません。猶予された〇月分につ
いては，今後〇年間のうちに日本で罪を犯さなければ，
刑務所に入らなくてもよくなります。しかし，この〇
年間のうちに日本で罪を犯してまた刑に処せられる
ことがあると，この執行猶予は取り消されます。そう
なると，猶予された〇月分の刑についても実際に受け
なければならなくなります。もちろん，その場合には
新たに犯した罪の刑も受けます。そういうことのない
ように，十分注意してください。

26 未決勾留日数の説明

（裁） 被告人はこれまで相当期間勾留されていますから，
そのうちの〇日間は既に刑の執行を受け終わったもの
とします。したがって，言い渡した〇年〇か月の刑か
ら実際には〇日間が差し引かれることになります。

27 保護観察の説明

（裁） 保護観察というのは，保護観察官及び保護司の指導
監督によって，被告人が再び間違いを起こすことのな
いように手助けする制度です。普通は毎月1回以上保
護司と会って，被告人の日ごろの生活について指導を
受けることになります。
　　　この判決の確定後，速やかに，保護観察所に出頭し
て保護観察所の説明を受けてください。保護観察所で
は，守らなければならない事項について指示されます
が，もし，この遵守事項を守らない場合には，この刑

刑罰將會緩期執行，其餘的刑罰則不會緩期執行。對於
緩期執行的○個月，如果被告人在○年內不再在日本犯
罪的話，便不需進入監獄服這次的刑。但是如果在○年
內再在日本犯罪並且被判刑的話，這次的緩期執行便會
被取消。屆時，要實際接受這次的○個月。當然，在那
樣的情況下，新的犯罪的刑罰也需要服的。請小心不要
令這樣的事發生。

26 未決羈留日數的說明

（法）　到目前為止被告人已被羈留了相當長的期間，其中的
○天會被看成是已服刑。因此，實際上將會從被宣判的
○年○月的刑期中減去○天。

27 保護觀察的說明

（法）　保護觀察就是，在國家機關的保護觀察所保護觀察官
及保護司的指導監督下，幫助被告人不再犯錯的制度。
一般是被告人須與保護司每個月會面一次以上，接受關
於日常生活的指導。

　　在這判決確定後，請盡快到保護觀察所報到，聽取保
護觀察所的說明。在保護觀察所裏，會得到關於必須遵
守事項的指示。如果違反了這些遵守事項，這刑罰的緩
期執行有可能會被取消。另外，再次犯罪並被判監禁以

の執行猶予を取り消されることがあります。また，再び犯罪を犯して禁錮以上の刑に処せられた場合には法律上執行猶予を付けることができないので，そのようなことのないよう十分注意してください。

28　上訴権の告知

（裁）　この判決に不服がある場合には，控訴〈上告〉の申立てをすることができます。その場合には，明日から14日以内に○○高等裁判所〈最高裁判所〉あての控訴〈上告〉申立書をこの裁判所に差し出してください。

第3章　第一審における判決主文の例

1　有罪の場合

(1)　主刑

ア　基本型

・　被告人を懲役〈禁錮〉1年に処する。

・　被告人を罰金20万円に処する。

・　被告人を拘留10日に処する。

イ　少年に不定期刑を言い渡す場合

被告人を懲役5年以上7年以下に処する。

ウ　併科の場合

被告人を懲役1年及び罰金20万円に処する。

エ　主文が2つになる場合

被告人を判示第1の罪について懲役1年に，判示第2の罪について懲役2年に処する。

(2)　未決勾留日数の算入

上的刑罰時，法律上是不能給予緩期執行的，請小心注意令這樣的事不會發生。

28 告知上訴權

（法） 如果對這判決不服的話，可提出上訴。要上訴的話，從明天起的 14 天以内，向〇〇高等法院（最高法院）提交上訴申請書。

第 3 章 第一審判決主文的例子

1 有罪判決時

（1）主刑

① 基本型

・被告人被判處需勞役的監禁（監禁）刑期 1 年。

・被告人被判罰款 20 萬日元。

・被告人被判處拘留 10 天。

② 對少年宣判不定期刑時

被告人被判處需勞役的監禁刑期 5 年以上 7 年以下。

③ 處罰兩種以上的刑罰時

被告人被判處需勞役的監禁刑期 1 年及罰款 20 萬日元。

④ 有兩個主文時

被告人就判決所示的第一條罪名被判處需勞役的監禁刑期 1 年，就判決所示的第二條罪名被判處需勞役的監禁刑期 2 年。

（2）未決羈留（扣留）日數的折算

ア　基本型

　　未決勾留日数中 30 日をその刑に算入する。

イ　本刑が数個ある場合

　　未決勾留日数中 30 日を判示第 1 の罪の刑に算入する。

ウ　本刑が罰金・科料の場合

　　未決勾留日数中 30 日を，その 1 日を金 5000 円に換算して，その刑に算入する。

エ　刑期・金額の全部に算入する場合

　・　未決勾留日数中，その刑期に満つるまでの分をその刑に算入する。

　・　未決勾留日数中，その 1 日を金 5000 円に換算してその罰金額に満つるまでの分を，その刑に算入する。

(3)　労役場留置

ア　基本型

　　その罰金を完納することができないときは，金 5000 円を 1 日に換算した期間被告人を労役場に留置する。

イ　端数の出る場合

　　その罰金を完納することができないときは，金 6000 円を 1 日に換算した期間（端数は 1 日に換算する。）被告人を労役場に留置する。

(4)　刑の全部の執行猶予

　　この裁判が確定した日から 3 年間その刑の執行を猶予する。

① 基本型

把未決羈留（扣留）日數中的30天算入刑期。

② 被處數個刑罰時

把未決羈留（扣留）日數中的30天算入判決所示的第一條罪名的刑期。

③ 被判罰款・小額罰款時

把未決羈留（扣留）日數中的30天，以1天5000日元來換算，算入罰款。

④ 抵足全部的刑期或罰款時

・把未決羈留（扣留）日數中可抵足整個刑期的日數算入刑期。

・把未決羈留（扣留）日數以1天5000日元來換算，把可抵足完付罰款額的日數算入罰款。

（3）拘留在勞役場

① 基本型

如果不能繳付全部罰款時，以5000日元折算為1天，將不足額折為需被拘留在勞役場的天數。

② 如果折換出現小數位時

如果不能繳納所有的罰款時，以6000日元來折算為1天（換算出現小數位時當做一天），將不足額以需被拘留在勞役場的天數來抵償。

（4）全部緩刑

從本判決開始發生法律效力之日起，將上述刑罰緩期執行3年。

(5)　刑の一部の執行猶予の場合

　　・　被告人を懲役 3 年に処する。その刑の一部である懲
　　　役 6 月の執行を 2 年間猶予する。

　　・　被告人を懲役 3 年に処する。その刑の一部である懲
　　　役 6 月の執行を 2 年間猶予し，その猶予の期間中被告
　　　人を保護観察に付する。

(6)　保護観察

　　被告人をその猶予の期間中保護観察に付する。

(7)　補導処分

　　被告人を補導処分に付する。

(8)　没収

　ア　基本型

　　　押収してある短刀 1 本（令和○○年押第○○号の 1）
　　を没収する。

　イ　偽造・変造部分の没収

　　　押収してある約束手形 1 通（令和○○年押第○○号の
　　1）の偽造部分を没収する。

　ウ　裁判所が押収していない物の没収

　　　○○地方検察庁で保管中の約束手形 1 通（令和○○年
　　○地領第○○号の 1）を没収する。

　エ　犯罪被害財産の没収

　　　○○地方検察庁で保管中の現金 8 0 0 万円（令和○○
　　年○地領第○○号の 1，当該現金は犯罪被害財産）を没
　　収する。

(9)　追徴

（5）部分緩刑時

　　・被告人被判處需勞役的監禁刑期 3 年。這刑罰中的需勞役的監禁刑期 6 個月將緩刑 2 年。

　　・被告人被判處需勞役的監禁刑期 3 年。這刑罰中的需勞役的監禁刑期 6 個月將緩期執行 2 年。在緩期執行期間，被告人需接受保護觀察。

（6）保護觀察

　　在緩期執行期間，被告人需接受保護觀察。

（7）輔導處分

　　被告人需接受輔導處分。

（8）沒收

①　基本型

　　沒收已扣押的一把短刀（令和○○年扣押第○○號之 1）。

②　偽造・改造部分的沒收

　　沒收已扣押的一張支票（令和○○年扣押第○○號之 1）的偽造部分。

③　沒收法院並沒有扣押的物件

　　沒收保管在○○地方檢控院的一張支票（令和○○年○地領第○○號之 1）

④　犯罪受害財產的沒收

　　沒收保管在○○地方檢控院的現金 800 萬日元（令和○○年○地領第○○號之 1，該款是犯罪受害財產）。

（9）追收

ア　基本型

　　被告人から金 10 万円を追徴する。

　イ　犯罪被害財産の価額の追徴

　　被告人から金 300 万円（当該金 300 万円は犯罪被
　害財産の価額）を追徴する。

(10)　被害者還付

　ア　基本型

　　押収してある本 1 冊（令和○○年押第○○号の 1）を
　被害者Ａに還付する。

　イ　被害者不明の場合

　　押収してある本 1 冊（令和○○年押第○○号の 1）を
　被害者（氏名不詳）に還付する。

　ウ　被害者が死亡した場合

　　押収してある本 1 冊（令和○○年押第○○号の 1）を
　被害者Ａの相続人に還付する。

(11)　仮納付

　　被告人に対し，仮にその罰金に相当する金額を納付すべ
　きことを命ずる。

(12)　訴訟費用の負担

　　・　訴訟費用は被告人の負担とする。

　　・　訴訟費用は被告人両名の連帯負担とする。

　　・　訴訟費用は，その 2 分の 1 ずつを各被告人の負担と
　　する。

　　・　訴訟費用のうち，証人Ａに支給した分は被告人の負
　　担とする。

① 基本型

　　對被告人追收十萬日元。

② 犯罪受害財產的金額價值的追收

　　對被告人追收300萬日元（該300萬日元是犯罪受害財產的金額價值）。

(10) 退還受害人

① 基本型

　　將扣押的一本書（令和〇〇年扣押第〇〇號之1）退還給受害人A。

② 不能確定受害人時

　　將扣押的一本書（令和〇〇年扣押第〇〇號之1）退還給受害人（姓名不詳）。

③ 受害人已死亡時

　　將扣押的一本書（令和〇〇年扣押第〇〇號之1）退還給受害人A的繼承人。

(11) 暫先繳交

　　命令被告人應暫先繳交與罰款同等的金額。

(12) 訴訟費用的負擔

・訴訟費用由被告人負擔。

・訴訟費用由兩名被告人連帶負擔。

・訴訟費用由兩名被告人各負擔一半。

・訴訟費用中，對證人A所支付的金額由被告人負擔。

- ・ 訴訟費用中通訳人○○○○に支給した分を除き，その余の分は被告人の負担とする。
- ⒀ 刑の執行の減軽又は免除
  - ・ その刑の執行を懲役 1 年に減軽する。
  - ・ 被告人を懲役 1 年に処し，その刑の執行を免除する。
- ⒁ 刑の免除

  被告人に対し刑を免除する。

2 無罪・一部無罪の場合

- (1) 無罪

  被告人は無罪。

- (2) 一部無罪

  本件公訴事実中詐欺の点については，被告人は無罪。

3 その他の場合

- (1) 免訴

  被告人を免訴する。

- (2) 公訴棄却

  本件公訴を棄却する。

- (3) 管轄違い

  本件は管轄違い。

第4章 控訴審における判決主文の例

1 控訴棄却・破棄

- (1) 控訴棄却
  - ・ 本件控訴を棄却する。
  - ・ 本件各控訴を棄却する。
  - ・ 本件控訴中被告人○○に関する部分を棄却する。

・訴訟費用中，除了對翻譯○○○○所支付的金額外，其餘
由被告人負擔。

(13) 減輕或免除刑罰的執行

・減輕被判處的刑罰執行至需勞役的監禁刑期 1 年。

・判處被告人需勞役的監禁刑期 1 年，免除這刑罰的執行。

(14) 免除刑罰

免除被告人的刑罰。

2 無罪 ・一部分無罪時

(1) 無罪

被告人無罪。

(2) 一部分無罪

關於本案檢控事實中的欺詐罪名，被告人無罪。

3 其他情況下

(1) 免訴

撤銷對被告人的檢控。

(2) 駁回檢控

駁回本案檢控。

(3) 不屬於管轄內

本案不屬於管轄內。

第 4 章 上訴法庭的判決主文的例子

1 駁回 ・撤銷上訴

(1) 駁回上訴

・駁回本案上訴

・駁回本案各上訴

・駁回本案上訴中與被告人○○有關的部分。

(2) 破棄自判

- ・ 原判決を破棄する。被告人を懲役○年○月に処する。
- ・ 原判決中有罪部分を破棄する。被告人は無罪。
- ・ 被告人らに対する各原判決を破棄する。被告人Aを懲役1年に，被告人Bを懲役6月にそれぞれ処する。
- ・ 原判決中被告人○○に関する部分を破棄する。被告人○○を懲役3年に処する。

(3) 破棄差戻し

原判決を破棄する。本件を○○地方裁判所に差し戻す。

(4) 破棄移送

原判決を破棄する。本件を○○地方裁判所に移送する。

2 未決勾留日数の算入

- ・ 当審における未決勾留日数中○○日を原判決の刑に算入する。
- ・ 原審における未決勾留日数中○○日をその刑に算入する。

3 訴訟費用の負担

- ・ 当審における訴訟費用中通訳人○○○○に支給した分を除き，その余の分は被告人の負担とする。
- ・ 原審における訴訟費用中証人○○○○に支給した分は，被告人の負担とする。

第5章　第一審における判決理由

1 罪となるべき事実

(1) 不正作出支払用カード電磁的記録供用罪及び窃盗罪の例

「被告人は，A名義のキャッシュカードを構成する人の

（2）撤銷及自判

　　　　・撤銷原判。被告人被判處需勞役的監禁刑期〇年〇月。

　　　　・撤銷原判的有罪部分。被告人無罪。

　　　　・撤銷對被告人等的原判。被告人 A 被判處需勞役的監禁刑
　　　　　期 1 年，被告人 B 被判處需勞役的監禁刑期 6 個月。

　　　　・撤銷原判中與被告人〇〇有關的部分。被告人〇〇被判處
　　　　　需勞役的監禁刑期 3 年。

（3）撤銷及移回

　　　　撤銷原判。本案將移回原判法院的〇〇地方法院。

（4）撤銷及移交

　　　　撤銷原判。本案將移交到〇〇地方法院。

2　未決羈留（扣留）日數的折算

　　・將本次審理未決羈留日數中的〇〇天折算入原判的刑罰。

　　・將原審的未決羈留日數中的〇〇天折算入上述的刑罰。

3　訴訟費用的負擔

　　・本次審理的訴訟費用中，除了對翻譯〇〇〇〇所支付的金額
　　　外，其餘由被告人負擔。

　　・原審的訴訟費用中，對證人〇〇〇〇所支付的金額由被告負
　　　擔。

第 5 章　第一審的判決理由

1　構成犯罪的事實

（1）提供不正當製作的支付用卡的電磁紀錄罪及盜竊罪的例子

　　　　「被告人企圖使用構成 A 名義的現金提款卡的供他人處理

財産上の事務処理の用に供する電磁的記録を不正に作出して構成されたB名義のキャッシュカードの外観を有する不正電磁的記録カード1枚を使用して，金員を窃取しようと企て，令和○○年6月12日午前11時30分ころ，東京都杉並区西荻窪4丁目2番5号所在のC銀行西荻窪支店において，前後2回にわたり，人の財産上の事務処理を誤らせる目的で，上記カードを同所設置の現金自動預払機に挿入させて同カードの電磁的記録を読み取らせて同機を作動させ，同カードの電磁的記録を人の財産上の事務処理の用に供するとともに，同機からC銀行西荻窪支店長管理に係る現金50万円を引き出して窃取したものである。」

(2) 殺人罪の例（確定的故意の場合）

「被告人は，A（当時62歳）に雇われ，東京都江東区山中町5丁目2番4号所在の同人方に住み込んでいたものであるが，被告人が通行人に罵声を浴びせたのを前記Aから叱責されて口論のあげく激高し，とっさに，同人を殺害しようと決意し，令和○○年3月8日午後7時ころ，同人方6畳間の押し入れの中から刃体の長さ13センチメートルのくり小刀を持ち出して携え，同所において，左手で前記Aの襟首をつかんで引き寄せながら，右手に持っていた前記くり小刀で同人の左胸部を突き刺し，同人がその場から逃げ出すや，追跡して同人方前路上でこれに追い付き，同所において，更に前記くり小刀で同人の左背部を突き刺し，よって，同人をして心臓刺切に基づく失血により即死させて殺害したものである。」

財產事務之用的電磁紀錄，不正當製作擁有 B 名義的外觀的的現金提款卡，竊取金錢。在令和○○年 6 月 12 日上午 11 時 30 分左右，在位於東京都杉並区西荻窪 4 丁目 2 番 5 号的 C 銀行西荻窪分行內，先後兩次以誤導他人處理財產事務為目的，將上述現金卡插入該行設置的自動提款機內，使機器讀取該卡的電磁紀錄。除了將現金卡的電磁紀錄用在他人財產處理事務外，還從該機器中提款，竊取了受 C 銀行西荻窪分行行長所管理的現金 50 萬日元。」

(2) 殺人罪的例子（確定有意圖時）

「被告人受 A（當時 62 歲）所雇用，住在位於東京都江東區山中町 5 丁目 2 番 4 號的 A 宅，因 A 斥責被告人怒罵路人而引致兩人口角，被告人情緒激動，頓時決意殺害 A。在令和○○年 3 月 8 日晚上 7 時左右，從 A 宅的 6 帖房間的壁櫥裏取出刃長 13 厘米的拴刀，並在該處用左手抓住 A 的衣襟將其拉過來，右手把刀插進 A 的左胸，雖然 A 逃離房間，但被告一直追趕，在 A 宅前面路上追到後，在這裏再次把剛才拿著的拴刀插進 A 的左背，A 因心臟被刺失血過多而當場死亡，因此構成殺害 A 的行爲。」

(3) 殺人罪の例（未必的故意の場合）

「被告人は，かねて，東京都千代田区山中2丁目8番9号所在のスナック「甲」の店員A（当時30歳）から軽蔑の目でみられていることに憤まんの情を抱いていたところ，令和○○年8月7日午後1時30分ころ，前記「甲」において，客として，前記Aにビールを注文したにもかかわらず，同人から「今日は帰れ。」と断られた上，刺身包丁を示され，「刺すなら刺してみろ。」と言われ，小心者と馬鹿にされたものと激高し酒の酔いも加わった勢いから，とっさに，同人が死亡する危険性が高い行為と分かっていながら，持ち合わせていた登山用ナイフ（刃体の長さ10センチメートル）で，同人の右下腹部を1回突き刺し，よって同月8日午前2時5分ころ，同区北川5丁目8番8号乙病院において同人を右腎等刺切による失血のため死亡させ，もって，同人を殺害したものである。」

(4) 傷害罪の例

「被告人は，令和○○年9月2日午後1時5分ころ，横浜市港南区日野南3丁目6番17号先路上で，通行中のA（当時62歳）に「おまえ，どこを歩いとるんじゃ。」などと因縁をつけ，こぶしでその顔を2回殴って転倒させ，その上に馬乗りになって更にその顔をこぶしで数回殴った。この暴行により，Aに約5日間の加療を要する右肘部挫滅傷，顔面挫滅傷の傷害を負わせたものである。」

(5) 窃盗罪（万引）の例

「被告人両名は，共謀の上，令和○○年3月4日午後零

（3）殺人罪的例子（未必故意時）

　　「被告人以前就因受位於東京都千代田區山中 2 丁目 8 番 9 號的酒吧「甲」的店員 A（當時 30 歲）蔑視而抱有不憤之情。在令和〇〇年 8 月 7 日下午 1 時 30 分左右，被告人以客人的身份到前面記述的「甲」，並向前面記述的 A 要了啤酒。A 拒絕並對被告人說：「今天回去吧」，然後示出魚生菜刀說，「要斬我你就試下斬啦」。被告人因被嘲弄為細膽及愚笨而一時激動，加上酒意的勢頭，雖然突然意識到這行爲很有可能會引致 A 死亡，被告人用隨身携帶的爬山用刀（刃長 10 厘米）插進 A 的右下腹部一次。由此 A 在同月 8 日凌晨 2 時 5 分左右，在位於北川 5 丁目 8 番 8 號的乙醫院，因腎臟切刺而失血死亡。因此構成殺害 A 的行爲。」

（4）傷害罪的例子

　　「被告人在令和〇〇年 9 月 2 日下午 1 時 5 分左右，橫濱市港南區日野南 3 丁目 6 番 17 號前的路上，對正在行走的 A（當時 62 歲）說，「你點樣走路的！」等找麻煩，用拳頭毆打 A 的臉部 2 次，令 A 跌倒，然後更騎在 A 身上，再用拳頭毆打 A 的臉部數次。由於這次的暴行，A 受了需治療 5 天的右手肘部的挫傷，臉部挫損的傷害。」

（5）盜竊罪（在商店行偷）的例子

　　「兩名被告人在令和〇〇年 3 月 4 日正午 12 時 45 分左右，

時45分ころ，東京都豊島区北山町1番2号株式会社甲池
袋店において，同店店長A管理のシャープペンシル38本
など合計84点（定価合計3万0850円相当）を窃取し
たものである。」

(6) 窃盗罪（すり）の例

「被告人両名は，共謀の上，令和○○年3月4日午後4
時54分ころ，東京都台東区山下町1番2号付近路上で，
被告人Xにおいて，通行中のA（当時30歳）が右肩に掛け
ていたショルダーバッグ内から，同人所有の現金4万37
59円及びキャッシュカード等6点在中の札入れ1個（時
価約1万円相当）を抜き取って，これを窃取したものであ
る。」

(7) 強盗致死罪の例

「被告人は，遊興費欲しさとうっ憤晴らしのために，適
当な相手を見つけて袋だたきにして所持金等を強取しよう
と考え，A，Bと共謀の上，令和○○年12月3日午前3
時10分ころ，さいたま市大宮区高鼻町14番1号付近の
路上において，たまたま通りかかったC（当時20歳）に
対し，被告人，A，Bにおいてこもごも，その顔面，頭部，
腹部等を多数回にわたってこぶしで殴り，力一杯蹴り付け
るなどの暴行を加えた上，Aにおいて，抵抗できなくなっ
たCからその所有する現金3万2000円くらいが入った
財布1個を奪い取ったが，その際前記各暴行によって，C
に対し左側急性硬膜下血腫，脳挫傷，外傷性くも膜下血腫
の傷害を負わせ，同月13日午後4時12分ころ，さいた

共謀在位於東京都豐島區北山町1番2號的甲有限公司池袋分店裏，偷竊受同店店長A所管理的鉛芯筆38枝等合計84件商品（定價合計相當於3萬850日元）。」

(6) 盜竊罪（扒手）的例子

「兩名被告人在令和○○年3月4日下午4時54分左右，共謀在東京都台東區山下町1番2號附近的路上，被告人X從過路人A（當時30歲）的掛在右肩的手袋裏，抽出A所有的銀包一個（時價約相當於1萬日元），內有現金4萬3759日元及提款卡等6件東西。以此構成偷竊的行爲。」

(7) 搶劫致死罪的例子

「被告人為了想得到去玩樂的錢和泄憤，便打算隨便找一個人，一起圍攻並搶劫其所持有的現金。於是在與A，B共謀下，在令和○○年12月3日凌晨3時10分左右，在埼玉市大宮區高鼻町14番1號附近的路上，被告人A和被告人B對偶然經過的C（當時20歲）施加暴力，輪流用拳頭毆打及用力去踢C的臉面，頭部，腹部等。並且，A在C不能反抗的情況下搶走了C所持有的，內有約3萬2000日元的錢包1個。由於當時上述的種種暴行，使得C負了左側急性硬膜下血腫，腦挫傷，外傷性蛛膜下血腫的傷害，並使得C在同月13日下午4時12分左右，在位於大宮區盆栽町2丁目3番2號甲醫院內死亡。」

ま市大宮区盆栽町 2 丁目 3 番 2 号甲病院において，それら
の傷害により同人を死亡させたものである。」

(8) 詐欺罪の例

　　「被告人は，不正に入手した甲カード株式会社発行のA
名義のクレジットカードを使用してその加盟店から商品を
だまし取ろうと企て，令和○○年 4 月 5 日午前 11 時 15
分ころ，東京都中央区中村町 3 番先乙ショッピングセンタ
ー 1 階株式会社丙銀座店において，同店店長Bに対し，代
金支払の意思及び能力がないのに，自己がクレジットカー
ドの正当な使用権限を有するAであって，クレジットカー
ドシステムによって代金の支払をするもののように装い，
前記クレジットカードを提示してスーツ等 3 点の購入を申
し込み，前記Bをしてその旨誤信させ，よって即時同所に
おいて，同人からスーツ等 3 点（価格合計 7 万 3700 円
相当）の交付を受けてこれをだまし取ったものである。」

(9) 覚醒剤取締法違反罪の例

　　「被告人は，法定の除外事由がないのに，令和○○年 4
月 5 日午後 6 時 30 分ころ，山中市山田町 3 番 6 号の被
告人方において，覚醒剤であるフェニルメチルアミノプロ
パンの塩類若干量を含有する水溶液を自己の身体に注射し，
もって，覚醒剤を使用したものである。」

(10) 大麻取締法違反罪の例

　　「被告人は，みだりに，大麻を輸入しようと企て，大麻
草 70.94 グラム（種子を含む）を自己の着用する両足
靴下底にそれぞれ隠匿携帯した上，○○○○年 5 月 3 日（現

(8) 欺詐罪的例子

　　「被告人使用以不正手段取得的甲有限公司發行的 A 名義的信用卡，在該公司的加盟店內意圖詐騙商品。在令和○○年 4 月 5 日上午 11 時 15 分左右，在位於東京都中央區中村町 3 番的乙購物中心 1 樓的丙有限公司銀座店裏，雖然並沒有支付貨款的意思與能力，卻謊稱自己是擁有使用信用卡權限的 A，將按照信用卡系統支付貨款，並對同店店長 B 出示上述的信用卡表示要求購買西裝等 3 件商品，並使上述 B 誤信之，因此在這時間這地點構成了從該人騙取了西裝等 3 件商品（定價合計相當於 7 萬 3700 日元）的事實。」

(9) 違反興奮劑取締法罪的例子

　　「被告人在沒有法定的除外事由下，在令和○○年 4 月 5 日下午 6 時 30 分左右，在位於山中市山田町 3 番 6 號的被告人宅內，對自己的身體注射含有一點分量的興奮劑苯甲氨普魯本的水溶液，從而構成了使用興奮劑的事實。」

(10) 違反大麻取締法罪的例子

　　「被告人企圖進口大麻，擅自攜帶分別隱藏在穿在兩腳的襪底裏的大麻草（包括種子）70.94 克，在○○○○年 5 月 3 日（當地時間），從 A 國○○國際機場乘搭○○航空 017 班機，

地時間），Ａ国〇〇国際空港から〇〇航空017便の航空
機に搭乗し，令和〇〇年5月4日午後零時30分ころ千葉
県成田市所在の成田国際空港に到着し，大麻を身につけた
まま同航空機から本邦に上陸し，もって，本邦内に大麻を
輸入したものである。」

(11)　麻薬及び向精神薬取締法違反罪の例

　　「被告人は，みだりに，令和〇〇年6月10日午後6時
ころ，東京都千代田区田中町3番1号の被告人方洋服ダン
ス内に麻薬である塩酸ジアセチルモルヒネの粉末約10グ
ラムを所持したものである。」

(12)　売春防止法違反罪の例

　　「被告人は，売春をする目的で，令和〇〇年10月8日
午後11時20分ころから同日午後11時45分ころまで
の間，横浜市港北区新横浜町2丁目5番10号喫茶店「甲」
横付近から同区同町2丁目2番4号乙銀行新横浜支店前に
至る間の路上をうろつき，あるいは立ち止まるなどし，も
って，公衆の目にふれるような方法で客待ちをしたもので
ある。」

(13)　過失運転致傷罪の例

　　「被告人は，令和〇〇年9月12日午前9時30分ころ，
普通乗用自動車を運転し，東京都武蔵野市吉祥寺東町31
番地付近道路先の左方に湾曲した道路を荻窪方面から三鷹
方面に向かい時速約50キロメートルで進行していた。こ
ういった場合，自動車運転者としては前方を注視し，ハン
ドル操作を正しく行って進路を適正に保って進行すべき自

在令和〇〇年 5 月 4 日中午 12 時 30 分左右抵達位於千葉縣
成田市的成田國際機場，被告人帶著大麻從該航機降落日本，
因此構成了進口大麻的事實。」

(11) 違反麻藥及精神藥物取締法罪的例子

「被告人在令和〇〇年 6 月 10 日下午 6 時左右，在位於東
京都千代田區田中町 3 番 1 號的被告人宅內的衣櫃內擅自持
有約 10 克的毒品鹽酸嗎啡粉末。」

(12) 違反防止賣淫法罪的例子

「被告人以賣淫為目的，從令和〇〇年 10 月 8 日晚上 11
時 20 分左右至同日晚上 11 時 45 分左右之間，徘徊或站立
在位於橫濱市港北區新橫濱町 2 丁目 5 番 10 號的咖啡店「甲」
附近至位於同區同町 2 丁目 2 番 4 號的乙銀行新橫濱分行之
間的路上，因此構成了在大庭廣衆人下等客的事實。」

(13) 因駕駛過失致傷罪的例子

「被告人在令和〇〇年 9 月 12 日早上 9 時 30 分左右，駕
駛一輛普通私家車，在東京都武藏野市吉祥寺東町 31 番地附
近向左方彎曲的道路上，從萩窪以時速 50 公里向三鷹方向行
駛。在這樣的情況下，作爲汽車司機，履應實行駕駛者的注
意義務，注意前方，正確地操作軚盤，進行適當的路綫。但
是，被告人雖然一直以時速 50 公里開車，但因要拾起丟在脚

動車運転上の注意義務がある。しかしながら，被告人は足元に落とした地図を拾うのに気を奪われたためこの注意義務に違反して，前方注視を欠き，ハンドルから一瞬手を離したまま，時速約50キロメートルで進行するという過失を犯した。このため，車は対向車線に進入して，対面進行してきたＡ運転の大型貨物自動車の右側面に衝突した上，その衝撃で更に前方に進出して，Ａ運転車両の後方から進行してきたＢ（当時55歳）運転の普通貨物自動車の右前部に衝突した。その結果，Ｂに加療約200日間を要する右股関節脱臼骨折の傷害を負わせたものである。」

(14)　銃砲刀剣類所持等取締法違反罪の例

　「被告人は，法定の除外事由がないのに，令和○○年6月7日午後7時ころ，横浜市田中町1丁目2番3号付近路上に停車していた自己所有の普通乗用自動車内において，回転弾倉式けん銃1丁をこれに適合する実砲19発と共に保管して所持したものである。」

(15)　出入国管理及び難民認定法違反罪の例

　「被告人は，○○国国籍を有する外国人であり，令和○○年3月10日，同国政府発行の旅券を所持して，千葉県成田市所在の成田国際空港に上陸し，我が国に入国したが，在留期間が令和○○年4月10日までであったのに，その日までに在留期間の更新又は変更を受けないで我が国から出国せず，令和○○年5月11日まで，神奈川県大和市大和町2丁目149番地に居住し，もって，在留期間を経過して不法に本邦に残留したものである。」

邊的地圖而分神，違反了注意義務的過失，沒有留神注意前方，並犯了一時間雙手離開了軚盤的過失。因此，被告人的車進入了反方向的行車綫，與迎面而來的 A 駕駛的大型貨車的右側面相撞。因爲這衝擊，被告人的車更向前駛，撞向在 A 車後方向前行走的的 B (當時 55 歲) 所駕駛的普通貨車的右前方。由此，使 B 受了需治療約 200 天的右股關節脫臼骨折的傷害。」

(14) 違反持有槍砲刀劍類等取締法罪的例子

「被告人在沒有法定的除外理由下，在令和○○年 6 月 7 日下午 7 時左右，停在橫濱市田中町 1 丁目 2 番 3 號附近的被告人所有的普通私家車內，持有及保管轉輪手槍一把，以及適合該槍的實彈 19 發。」

(15) 違反出入境管理及難民認定法罪的例子

「被告人是持有○○國國籍的外國人。在令和○○年 3 月 10 日，持有同國政府所發行的護照，在位於千葉縣成田市的成田國際機場降落，入境我國後，雖然居留期限是令和○○年 4 月 10 日，但是被告人在期限前並沒有辦手續去更新或更改他的逗留期限，而且一直沒有從我國出境，至令和○○年 5 月 11 日爲止，一直住在神奈川縣大和市大和町 2 丁目 149 番地，因此構成超過逗留期限而非法殘留在本國的行爲。」

(16)　教唆の例（窃盗）

　　「被告人は，令和〇〇年3月4日午後2時ころ，東京都
千代田区北山町3番6号A方前路上において，Xに対し，
「明日はこの家は留守になる。裏の戸はいつも開いている
から，何か金目のものを取ってこい。」と申し向けて前記
A方から金品を窃取するようにそそのかし，Xをしてその旨
決意させ，よって，同月5日午後3時ころ，前記A方にお
いて，同人所有の腕時計1個（時価20万円相当）を窃取
するに至らせ，もって，窃盗の教唆をしたものである。」

(17)　幇助の例（窃盗）

　　「被告人は，Xが，令和〇〇年3月4日午後3時ころ，
東京都千代田区北山町3番6号A方において腕時計1個
（時価20万円相当）を窃取するに際し，A方前路上でX
のため，見張りをし，もって，同人の犯行を容易ならしめ
てこれを幇助したものである。」

2　証拠の標目

判示第1の事実について

- ・　被告人の当公判廷における供述
- ・　被告人の検察官に対する令和〇〇年2月15日付け供
　述調書
- ・　証人Aの当公判廷における供述
- ・　Bの検察官に対する供述調書
- ・　Cの司法警察員に対する供述調書（謄本）
- ・　D作成の被害届
- ・　司法警察員作成の実況見分調書

(16) 教唆罪的例子（盜竊）

　　「被告人在令和〇〇年 3 月 4 日下午 2 時左右，在東京都千代田區北山町 3 番 6 號 A 宅前的路上，指使 X 說：「明天這裏將沒有人在家。裏面的門口是時常開著的，你去把值錢的東西拿來。」唆使 A 從上述 A 家裏偷竊錢財，使 A 決意進行上述行爲。因此，X 最終在同月 5 日下午 3 時左右，在上述 A 宅偷取了 A 所有的一個手錶，（時價相當於 20 萬日元），從而構成了煽惑他人偷竊的行爲。」

(17) 幫助罪的例子（盜竊）

　　「被告人在令和〇〇年 3 月 4 日下午 3 時左右，當 X 在東京都千代田區北山町 3 番 6 號 A 宅偷取一個手錶（時價相當於 20 萬日元）時，在 A 宅前的路上，替 X 把風睇水，因此被告人使 X 易於進行上述犯罪行爲，從而構成幫助他人犯罪的行爲。」

2　證據的目錄

關於判決所示的第 1 的事實

・被告人在本公審法庭作的供述

・被告人在令和〇〇年 2 月 15 日對檢控官作的口供紀錄

・證人 A 在本公審法庭作的供述

・B 對檢控官作的口供紀錄

・C 對司法警員作的口供紀錄（副本）

・D 所填寫的受害申報表

・司法警員所作的現場狀況調查紀錄

- 司法巡査作成の令和〇〇年1月22日付け捜査報告書
- 鑑定人E作成の鑑定書
- 押収してある覚醒剤1袋（令和〇〇年押第〇〇号の1）
- 〇〇地方検察庁で保管中のけん銃1丁（令和〇〇年〇地領第〇〇号の1）
- 分離前の相被告人Yの当公判廷における供述
- 第3回公判調書中の証人Aの供述部分
- 証人Cに対する当裁判所の尋問調書
- 証人Dに対する受命裁判官の尋問調書
- 当裁判所の検証調書
- 医師F作成の診断書

3 累犯前科

「被告人は，令和〇〇年3月26日〇〇簡易裁判所で窃盗罪により懲役8月に処せられ，令和〇〇年11月26日その刑の執行を受け終わったものであって，この事実は検察事務官作成の前科調書によってこれを認める。」

4 確定判決

「被告人は，令和〇〇年3月10日〇〇地方裁判所で傷害罪により懲役1年に処せられ，その裁判は同月25日確定したものであって，この事実は検察事務官作成の前科調書によってこれを認める。」

5 法令の適用

「被告人の判示所為は刑法199条に該当するところ，所定刑中有期懲役刑を選択し，その刑期の範囲内で被告人を懲役8年に処し，同法21条を適用して未決勾留日数中120

- 司法巡邏警員在令和〇〇年 1 月 22 日所作的搜查報告書
- 鑑定人 E 所寫的鑑定報告
- 被扣押的 1 袋興奮劑（令和〇〇年扣押第〇〇號之 1）
- 保管在〇〇地方檢控院的 1 枝手槍（令和〇〇年〇地領第〇〇號之 1）
- 分開審理前的同案被告人 Y 在本公審法庭作的供述
- 第 3 次公審調查紀錄中的證人 A 的供述部分
- 本法院對證人 C 的聆訊紀錄
- 受命法官對證人 D 的聆訊紀錄
- 本法院的驗證紀錄
- 醫生 F 所寫的診斷書

3 累犯前科

「在令和〇〇年 3 月 26 日〇〇簡易法院，被告人因盜竊罪被判處需勞役的監禁刑期 8 個月，在令和〇〇年 11 月 26 日上述的刑罰的執行將會結束。這事實受檢控事務官寫的案底調查紀錄所認定。」

4 有確定效力的判決

「在令和〇〇年 3 月 10 日〇〇地方法院，被告人因傷害罪被判處需勞役的監禁刑期 1 年，在同月 25 日成爲了有確定效力的判決。這事實受檢控事務官寫的案底調查紀錄所認定。」

5 法令的適用

「被告人判決所示行爲符合刑法 199 條，在所定刑罰中選擇了需勞役的有期監禁，而在刑期範圍內，選擇了判處被告人需勞役的監禁刑期 8 年，據刑法 21 條，未決扣留日數中的

日をその刑に算入し，押収してある刺身包丁1本（令和○○年押第○○号の1）は判示犯行の用に供した物で被告人以外の者に属しないから，同法19条1項2号，2項本文を適用してこれを没収し，訴訟費用は，刑事訴訟法181条1項ただし書を適用して被告人に負担させないこととする。」

6　量刑の理由

出入国管理及び難民認定法違反の例

・　本件は，Y国国民である被告人が，定められた在留期間を越えて不法に我が国に残留したという事案である。

・　被告人が我が国に不法に残留した期間が2年余りの長期であることなどに照らすと，被告人の刑事責任は重い。

・　他方で，被告人は，本件犯行について反省の態度を示し，今後は，本国に帰って，まじめな生活を送りながら，立ち直っていくことを誓っていること，被告人と生活を共にしていた婚約者が，被告人の本国で被告人と結婚して共に生活する気持ちでおり，被告人に対する寛大な処罰を訴えていることなど，被告人にとって酌むべき事情もある。

・　そこで，これらの事情を総合して主文のとおり刑を量定した。

第6章　控訴審における判決理由

1　理由の冒頭部分

本件控訴の趣意は，弁護人甲作成名義〈検察官乙提出〉の控訴趣意書記載のとおりであり，これに対する答弁は，検察官乙作成名義〈弁護人甲作成名義〉の答弁書記載のとおりで

120 日算入刑期內，被扣押的 1 把魚生菜刀（令和○○年扣押第○○號之 1）是作爲判決所示犯罪行爲時使用的物品，因不屬於被告人以外的人，據刑法 19 條 1 項 2 號，2 項本文，這刀將受沒收。根據刑事訴訟法 181 條 1 項的但書，被告人不須負擔訴訟費用。」

6　刑罰量決定的理由

違反出入境管理及難民認定法的例子

・本案是 Y 國國民的被告人，超過了法定的居留期限，非法殘留我國的案件。

・從被告人在我國的非法殘留期間超過兩年多等事來看，被告人有很重的刑事責任。

・另一方面，被告人對本案的犯罪行爲顯示反省的態度，發誓今後返回自己國家後，老實地生活，重新做人。曾與被告人一起生活的被告人的婚約者，希望與被告人在被告人本國結婚並一起生活，懇請給被告人寬大的處罰等，存在一些對被告人酌情的事。

・因此，綜合衡量這些事情，如主文所述決定了刑罰量。

第 6 章　上訴審理的判決理由

1　理由的開頭部分

上訴本案的目的，如記載在以辯護律師甲名義所寫（檢控官乙所提出）的上訴旨意書，由於對此的答辯與以檢控官乙名義所寫（辯護律師甲名義所寫）的答辯書所載的一樣，這裏將引用上

あるから，これらを引用する。

　控訴趣意中量刑不当〈事実誤認，訴訟手続の法令違反，理由不備〉の主張（論旨）について

2　理由の本論部分

(1)　控訴棄却

　所論は，要するに，被告人には，本件輸入に係る物品が覚醒剤であるとの認識がなかったのであるから，被告人にその認識があったとして覚醒剤輸入の罪の成立を認めた原判決には，判決に影響を及ぼすことが明らかな事実の誤認があるというのである。しかし，原判決挙示の各証拠によると，被告人は，本件に至るまで，貨物船○○の船員として約20回日本国と○○国との間を往復している者である上，○○国において船員としての教育を受けるに当たり，覚醒剤等の密輸が禁止されていることや関税関係法規等についての知識を得ていることが認められるから，覚醒剤が概ねどのような物品であるかを承知していたと推認されるところである。そして，このことを前提として，甲から本件物品の運搬を依頼された際の物品の運搬ないし引渡しの方法についての指示内容が極めて密行性を帯びたものであったこと，被告人は本件物品がビニール製5袋に分けられた白色の結晶状を呈した物質であることを確認していること，搬入の手段，方法が覚醒剤等を持ち込む際によく行われる典型的な隠匿運搬方法を採っていること，その他本件発覚前後の証拠隠滅工作，被告人の捜査官に対する供述の内容等記録によって認められる諸事情をも考え合わせると，

述文書。

　　關於上訴旨意書中不恰當的刑罰量決定（誤認事實，違反訴訟程序的法令，理由不充分）的主張（論証主旨）

2　理由的本論部分

（1）駁回上訴

　　論述的重點是認爲因被告人並不知道本案涉及的物品是興奮劑，原判以被告人知道是興奮劑而成立的興奮劑進口罪，判決受明顯的誤認事實而影響。但是，根據原判所顯示的各種證據，被告人在本案發生前，作爲貨物船〇〇的船員，不但來往日本與〇〇國20次以上，並承認在接受〇〇國的船員教育時，學取有關禁止走私興奮劑，關於關稅的法規等的知識。而且，以此作爲前提，當被甲請求幫忙搬運本案物品時，關於搬運物品及交手方法的指示內容都帶有秘密進行性質，被告人確認了本案物品是分裝在5個膠袋的呈現白色結晶狀的物質，運送手段，方法採用了走私興奮劑時常利用的典型的隱蔽運送方法，除此以外，從案發前後的隱滅證據，被告人對搜查官作的供述內容等紀錄所認定的事實，綜合考慮以上的種種事由，怎樣都不能相信被告人所作的不知道本案物件是興奮劑的辯解，認定在進口本案物件時，被告人知道本案物件是興奮劑是適當的。

本件物品が覚醒剤であるとは知らなかったという被告人の弁解は到底信用できるものではなく，本件輸入の際，被告人は本件物品が覚醒剤であるとの認識を有していたと認めるのが相当である。

　したがって，原判決がその挙示する各証拠を総合して原判示事実を認定したことは相当であり，原判決に事実誤認はないから，論旨は理由がない。

(2) 破棄自判

　所論は，要するに，被告人を禁錮1年6月に処した原判決の量刑は重すぎて不当であるというのである。

　記録によれば，本件事故は，被告人が前車の発進に気を許し左方の安全を確認することなく発進進行した過失により，折から横断歩道上を自転車に乗って進行していた被害者に自車を衝突転倒させ死亡させたというものであって，過失及び結果の重大性にかんがみると，所論指摘の被告人に有利な事情を十分考慮しても，原判決の量刑は，その宣告時においては相当であったと認めることができる。

　しかし，当審事実取調べの結果によれば，原判決後，被害者の遺族との間に，さらに任意保険等から・・・・・合計2000万円を支払うことで示談が成立していること，示談の成立に伴い被害感情は一層和らぎ，被害者の遺族から寛大な処分を望む旨の上申がなされるに至っていることなどの事情が認められ，これによれば，原判決の量刑は，現時点においては刑の執行を猶予しなかった点において重きに失し，これを破棄しなければ明らかに正義に反すると

因此，原判綜合其列出的各項證據所認定的，原判所示事實
是恰當的，並無事實的誤認，上訴所述的要旨是沒有理由的。

（2）撤銷及自判

　　論述的重點是處罰被告監禁 1 年 6 個月的原判所決定的刑罰
不當的過重。

　　根據紀錄，本交通意外事件是被告人因把注意力放在前車的
開車，犯了忽略了確認左方安全便開車出發的過失，被告人
的車撞向騎著單車正在過斑馬線的受害人，令受害人單車翻
倒及死亡。即使考慮論述所指出的對被告人充分有利的事情，
可認定原判的刑罰量決定，在其宣佈時是適當的。

　　但是，根據本次審理調查的結果，在原判後，被告人與受害
人的遺屬之間，達成支付包括任意保險等合計 2000 萬日元
的和解。隨著和解的達成，受害人的遺屬的受害感情更是軟
化，甚至上書期望對被告人有寬大的處分，據此原判的刑罰
量決定，就現時並沒有緩刑的這點，失於過重，如不撤銷的話，
不能不說是明顯地違反正義。

いわなければならない。

3 法令の適用部分

(1) 控訴棄却

よって，刑訴法396条により本件控訴を棄却し，刑法
21条により当審における未決勾留日数中50日を原判決
の刑に算入し，当審における訴訟費用は刑訴法181条1
項本文を適用して被告人に負担させることとし，主文のと
おり判決する。

(2) 破棄自判

よって，刑訴法397条2項により原判決を破棄し，同
法400条ただし書により更に次のとおり判決する。

原判決が認定した罪となるべき事実に原判決と同一の法
令を適用（科刑上一罪の処理，刑種の選択を含む。）し，
その刑期の範囲内で被告人を懲役2年10月に処し，刑法
21条により原審における未決勾留日数中50日をその刑
に算入し，原審及び当審における訴訟費用は刑訴法181
条1項ただし書を適用して被告人に負担させないこととし，
主文のとおり判決する。

(3) 破棄差戻し

よって，刑訴法397条1項，377条3号により原判
決を破棄し，同法400条本文により本件を原裁判所であ
る〇〇簡易裁判所に差し戻すこととし，主文のとおり判決
する。

3 法令的適用部分

(1) 駁回上訴

　　因此，根據刑訴法396條，駁回本案上訴，根據刑法21條，本次審理的未決扣留日數中的50天算入原判的刑罰內，援用刑訴法181條1項本文，本次審理的訴訟費用由被告人負擔，根據主文所示的判決。

(2) 撤銷及自判

　　因此，根據刑訴法397條2項，撤銷原判，根據同法400條但書，將會作出以下的判決。

　　原判所認定的構成犯罪的事實，援用與原判同樣的法令（包括科刑上一罪的處理，刑罰種類的選擇），在該刑期範圍內處罰被告人需勞役的監禁刑期2年10個月，根據刑法21條將原審的未決扣留日數中的50天折算入上述刑罰內，援用刑訴法181條1項但書，被告人將不須負擔原審與本次審理的訴訟費用，以此為主文所示的判決。

(3) 撤銷及移回

　　因此，根據刑訴法397條1項，377條3號，撤銷原判，根據同法400條本文，將本案移回原判法院的○○簡易法院，以此為主文所示的判決。

第４編

法律用語等の対訳

第4編　法律用語等の対訳
第1章　法律用語の対訳

【あ　行】

・相被告人［共同被告人］	・共同被告人
・あおる	・煽動；挑撥
・アリバイ	・不在場證據；證明不在場
・アルコール中毒	・酒精中毒
・言い渡す	・宣判；判決
・異議	・異議
・異議の申立て	・提出異議
・意見陳述	・意見陳述
・移送（被告事件の）	・（被告案件的）移交
・移送（被告人の）	・（被告人的）轉送
・一事不再理	・一事不再理；（確定了的處分不會更改）
・遺伝	・遺傳
・居直り強盗	・突然變爲搶劫
・違法収集証拠	・違法収集證據
・違法性	・違法性
・違法性阻却事由	・否認違法性的理由
・医療刑務所	・醫療監獄
・医療の終了	・醫療的結束
・因果関係	・因果關係
・因果関係の中断	・因果關係的中斷
・インターネット異性紹介事業	・在互聯網上介紹異性服務
・引致	・拘提

・隠匿する	・隠匿
・員面調書	・在警員面前作口供紀録
・うそ発見器	・大話測試器; 測謊機
・疑うに足りる相当な理由	・足够的懷疑理由
・写し	・副本
・うつ病	・憂鬱症
・営業秘密	・營業秘密
・営利の目的	・營利的目的
・閲覧する	・閲覧
・えん罪	・冤罪; 被人冤枉
・援用	・援用
・押印	・蓋印
・押収	・扣押
・押収物	・被扣押的物件
・汚職	・貪污; 瀆職
・おとり捜査	・用鬼頭仔偵査
・恩赦	・大赦

【か　行】

・戒護	・守護
・改ざんする	・改; 塗改
・開示	・公開
・改悛の情	・悔改心
・外傷性	・外傷性
・海上保安庁	・海上保安廳
・海上保安留置施設	・海上保安廳的覊留設施

・開廷	・開庭
・回答書	・回答書
・外務省	・外務省
・科学警察研究所（科警研）	・警察科學研究所
・覚醒剤	・興奮劑
・覚醒剤中毒者	・興奮劑中毒者
・確定	・確定
・確定判決	・有確定效力的判決
・科刑上一罪	・科刑上一罪（如涉及兩項罪名以上的犯行，將以處刑最重的罪名判刑）
・過失	・過失
・過失犯	・以過失為構成要件的犯罪
・過剰避難	・避險過當
・過剰防衛	・防衛過當
・加重	・加重法定刑
・家庭裁判所（家裁）	・家庭法院
・家庭裁判所調査官	・家庭法院調査官
・可罰的違法性	・可罰的違法性
・仮釈放	・假釋
・仮納付	・暫先繳交
・仮放免	・保釋
・過料	・罰款（行政處罰）
・科料	・小額罰款（刑罰處分之一）
・簡易公判手続	・簡易公審程序
・簡易裁判所（簡裁）	・簡易法院
・姦淫	・姦淫

・管轄	・管轄
・管轄違い	・不屬於管轄內
・間接事実	・間接事實
・間接証拠	・間接證據
・間接正犯	・間接正犯
・監置	・因法庭內作出擾亂秩序而被羈留
・鑑定	・鑑定
・鑑定証人	・鑑定證人
・鑑定嘱託書	・鑑定委托書
・（鑑定その他）医療的観察	・（鑑定等）醫療的観察
・鑑定手続実施決定	・鑑定手續實施決定
・鑑定入院命令	・鑑定入院命令
・鑑定人	・鑑定人
・鑑定留置	・鑑定羈留
・観念的競合	・観念競合；公訴罪行涉及兩項罪名以上時，將處決最重刑的罪名
・還付	・退還
・管理売春	・被管制下的賣淫
・期間	・期間
・棄却する	・駁回
・偽計	・詭計
・期日	・日期
・期日間整理手続	・公審與公審間的整理手續
・期日間整理手続調書	・公審與公審間的整理手續的口供紀錄
・既遂	・既遂
・偽造	・偽造

・起訴事実	・訴訟事實; 起訴事實; 控罪事實
・起訴状	・訴訟狀書; 公訴書; 控罪書
・起訴状の訂正	・訴訟狀書的訂正; 公訴書的訂正; 控罪書的訂正
・起訴する	・提起訴訟; ; 起訴; 檢控
・起訴猶予	・免予訴訟; 免予起訴; 免予檢控
・既判力	・既判力
・忌避	・反對（質疑法官等的資格）
・基本的人権	・基本人權
・欺罔する（欺く）	・欺騙
・客体の錯誤	・對象的錯誤
・却下する	・駁回
・求刑	・要求判刑; 求刑
・急迫の危険	・緊逼的危險
・急迫不正の侵害	・緊逼危險的不正當侵害
・恐喝する	・恐嚇
・凶器	・兇器
・教唆する	・教唆
・供述	・供述; 口供
・供述拒否権	・拒絕供述權
・供述書	・供述書
・供述調書	・口供紀錄; 供述筆錄
・供述の任意性	・招供的自願性
・［強制］送還	・[强制]遣返
・強制捜査	・強制捜査
・共同正犯	・共同正犯

・共同被告人	・共同被告人
・共同暴行	・共同暴力行爲
・脅迫する	・威脅；恐嚇
・共犯	・共犯
・共謀	・共謀；合謀
・共謀共同正犯	・共謀共同正犯
・業務上過失	・業務上的過失
・業務上の注意義務	・業務上的注意義務
・挙証責任	・舉證責任
・記録命令付差押え	・執行扣押記録媒體
・記録命令付差押許可状	・執行扣押記録媒體的令狀
・記録命令付差押調書	・執行扣押記録媒體的調查筆錄書
・緊急逮捕	・緊急逮捕
・緊急避難	・緊急避險
・禁錮	・監禁
・禁制品	・禁品
・区	・區
・区検察庁（区検）	・區檢控院
・区分審理	・分別審理；分割審理
・刑期	・刑期
・警告	・警告
・警察署	・警署
・警察庁	・警察廳
・警察庁次長	・警察廳副廳長
・警察庁長官	・警察廳廳長
・警視	・警視；警司

・警視監	・警視監; 警司監督
・刑事施設	・刑事設施
・刑事収容施設	・刑事収容設施
・刑事処分	・刑事處分
・警視正	・副警視長; 高級警司
・刑事責任	・刑事責任
・警視総監	・警視總監; 總警司
・刑事第 1 部	・法庭刑事第一部門
・警視庁	・警視廳（東京都的警察組織）
・警視長	・警視長; 警司長
・刑事未成年者	・刑事未成年人
・刑の一部の執行猶予	・部分緩刑; 一部分刑緩期執行
・刑の全部の執行猶予	・全部緩刑; 全部刑緩期執行
・刑の量定に影響を及ぼす情状	・影響科刑量決定的事情
・刑罰	・刑罰
・頚部	・頸部
・警部	・警部; 督察
・警部補	・助理警部; 助理督察
・刑務官	・監獄管教官
・刑務所	・監獄
・刑務所長	・監獄長
・結果回避義務	・避免預見結果發生的義務
・欠格事由	・欠缺資格的事由
・結果的加重犯	・結果加重罪
・結審する	・審判結束
・決定	・決定

・県	・縣
・原因において自由な行為	・造成犯罪原因的責任能力
・厳格な証明	・嚴格的證明
・県警察本部	・縣警察總部
・現行犯	・當場犯
・現行犯人逮捕手続書	・當場逮捕犯人手續書
・原裁判所	・原裁判所; 原法院
・検察官	・檢控官
・検察官請求証拠	・檢控官申請証據
・検察事務官	・檢控事務官
・検察審査員	・檢控審査員
・検察審査会	・檢控審査會
・検視	・驗屍
・検事	・檢控官
・検事正	・地方檢控院檢控官長
・検事総長	・最高檢控院檢控官總長
・検事長	・高等檢控院檢控官長
・現住建造物	・現有人住的建築物
・検証	・驗證; 勘査
・検証調書	・驗證紀錄; 勘査紀錄
・原審	・原審
・原審弁護人	・原審辯護人
・限定責任能力	・有限的責任能力
・原判決	・原判
・憲法違反	・違反憲法
・原本	・原本; 原書; 藍本

・検面調書	・在檢控官面前做的口供筆錄
・権利保釈	・權利保釋
・牽連犯	・牽連犯
・故意	・故意；意圖
・合意書面	・同意的文書
・勾引状	・拘傳召令
・勾引する	・拘傳召
・合議体	・合議團
・公共職業安定所（職安）	・公共職業安定所
・抗拒不能	・不能抗拒
・後見監督人	・監護監督人
・後見人	・監護人
・抗告	・上訴
・抗告裁判所	・上訴法庭
・抗告の趣旨	・上訴的主旨
・抗告の取下げ	・撤回上訴
・公使	・公使
・強取する	・強取
・公序良俗	・公序良俗；公共秩序及良好的習俗
・更新する	・更新
・更生	・改正；重新做人
・更正決定	・更正決定
・構成裁判官	・構成合議團的法官
・構成要件	・構成要件
・厚生労働省	・福利勞工省
・厚生労働大臣	・福利勞工省大臣

・控訴	・控告；上訴
・公訴	・公訴；檢控
・公訴棄却	・駁回公訴；駁回檢控
・控訴棄却	・駁回上訴
・公訴権濫用	・濫用公訴權；濫用檢控權
・控訴裁判所	・上訴（第二審）裁判所（法院）
・公訴時効	・公訴時效；檢控有效期限
・公訴事実	・公訴事實；檢控事實
・控訴趣意書	・上訴旨意書
・控訴審	・上訴審（第二審）
・公訴提起	・提出公訴；提出檢控
・控訴提起期間	・提出上訴期間
・控訴申立書	・上訴申請書
・控訴理由	・上訴理由
・拘置所	・羈留所
・交通切符	・違反交通條例票
・交通事件原票	・交通事故調查表格
・交通反則金	・違反交通條例的罰款
・口頭	・口頭
・高等検察庁（高検）	・高等檢控院
・高等裁判所（高裁）	・高等法院
・高等裁判所長官	・高等法院院長
・口頭弁論	・口頭辯論
・公判期日	・公審日期
・公判準備	・公審準備
・公判調書	・公審筆錄；公審調查紀錄

・公判廷	・公審法庭
・公判手続	・公審程序
・公判前整理手続	・公審前整理手續
・公判前整理手続期日	・公審前整理手續日期
・公判前整理手続調書	・公審前整理手續筆錄
・交付送達	・交付送達
・公文書	・公文件
・公務員	・公務員
・拷問	・拷問
・公用文書	・公用文件
・勾留	・扣留;（起訴前或判決前的）羈留
・拘留	・拘留;拘役（刑罰的種類之一）
・勾留執行停止	・停止執行羈留
・勾留状	・羈留書狀
・勾留理由開示	・公開羈留理由
・コカイン	・可卡因
・呼気アルコール濃度	・呼氣酒精濃度
・語気を荒げて	・語氣粗暴地
・国外犯	・國外犯（在日本以外發生的犯罪）
・国際司法共助	・國際司法互助
・国籍	・國籍
・国選被害者参加弁護士	・國選被害者參加辯護律師
・国選弁護人	・國選辯護律師
・告訴	・申訴
・告訴状	・申訴書
・告知する	・告知

・告発	・告發
・告発状	・告發狀
・戸籍抄本	・戸籍抄本（只複印原本的一部分的資料）
・戸籍謄本	・戸籍副本（原本的複印）
・護送	・護送
・誤想防衛	・因誤想而做出防衛行動
・国家公安委員会	・國家公安委員會
・誤判	・誤判；錯判

【さ　行】

・罪刑法定主義	・罪刑法定主義
・裁決	・裁決
・最高検察庁（最高検）	・最高檢控院
・再抗告	・再上訴
・最高裁判所（最高裁）	・最高法院；終審法院
・最高裁判所長官	・最高法院院長；終審法院院長
・最高裁判所判事	・最高法院法官；終審法院法官
・最終弁論	・最終辯論
・罪証隠滅のおそれ	・有毀滅或隱藏罪證的可能
・罪状認否	・承認或否定罪狀
・再審	・再審
・再審開始決定	・開始再審的決定
・再審事由	・再審理由
・罪数	・罪名數
・罪体	・犯罪對象的物體
・在庁略式手続	・在檢控院的簡略式手續

・在廷証人	・庭上證人
・再入国許可	・再入國許可
・採尿手続	・取尿様手續
・再犯	・再犯
・裁判	・審判；裁判
・裁判員	・陪審員
・裁判員候補者	・陪審員候補人
・裁判員等選任手続	・陪審員等選任手續
・再犯加重	・再犯加重
・裁判官	・法官
・裁判官の面前における供述	・在法官面前供述
・裁判権	・裁判權；審判權
・裁判所	・法院；裁判所
・裁判所事務官	・法院事務官
・裁判所書記官	・法院書記官
・裁判所速記官	・法院速記官
・再反対尋問	・再反方盤問
・裁判長	・庭長
・裁判を受ける権利	・接受審判的權利
・財物	・財物
・罪名	・罪名
・在留期間の更新許可	・更新居留期限的許可
・在留資格	・居留資格
・在留資格証明書	・居留資格証明書
・裁量保釈	・酌情保釋
・錯誤	・錯誤

・酒酔い・酒気帯び鑑識カード	・醉酒、酒後所含酒精狀況鑑定卡
・差押え	・扣押；查封
・差押調書	・扣押調查紀錄；查封調查紀錄
・差し戻す	・移回
・査証（ビザ）	・簽證
・査証相互免除	・相互免除簽證
・参考人	・參考人
・資格外活動許可	・許可居留資格認定活動外的活動
・自救行為	・自救行爲
・死刑	・死刑
・事件受理	・案件接受處理
・時効	・時效；時效
・事後審	・事後審理
・自己に不利益な供述	・對自己不利的口供
・自己負罪拒否特権	・拒絕自我負罪的特權
・自己矛盾の供述	・自相矛盾的供述
・事実誤認	・誤認事實
・事実審	・事實審
・事実の錯誤	・事實的錯誤
・事実の取調べをする	・調查事實
・自首	・自首
・事前準備	・事前準備
・私選弁護人	・私人選任的辯護律師
・刺創	・刺傷
・死体検案書	・驗屍報告
・辞退事由	・辭退事由

・示談書	・和解書
・示談する	・和解
・次長検事	・最高檢控院副檢控長
・市町村	・市町村
・市町村長	・市町村長
・失火	・火災
・実況見分調書	・現場狀況調查紀錄
・実刑	・實際服刑
・失血死	・失血死
・執行	・執行
・実行行為	・實行行爲
・執行停止	・停止執行
・実行の着手	・着手實行
・質問票	・詢問表
・指定医療機関	・指定的醫療機関
・指定侵入工具	・指定的有助入侵的特殊開鎖工具等
・指定通院医療機関	・指定的往診醫療機関
・指定入院医療機関	・指定的入院醫療機関
・刺突	・刺入
・児童買春	・兒童賣淫
・自白	・自供
・自費出国	・自費出國
・事物管轄	・事物管轄權（決定第一審的訴訟手續在同管轄區域內的簡易法院或是地方法院進行）
・司法警察員	・司法警員

- 司法警察職員 ・ 司法警察職員
- 司法巡査 ・ 司法巡邏警員
- 死亡診断書 ・ 死亡診斷書
- 始末書 ・ 檢討書；悔過書
- 氏名照会回答書 ・ 查詢姓名回答書
- 指紋照会回答書 ・ 查詢指紋回答書
- 社会通念 ・ 社會公認的常識
- 社会的相当行為 ・ 合符社會規範的行爲
- 社会に復帰することを促進する ・ 促進返回社會
- 社会復帰調整官 ・ 返回社會調整官
- 釈放 ・ 釋放
- 釈明 ・ 解釋；說清楚
- 酌量減軽 ・ 酌情減輕刑罰
- 写真撮影報告書 ・ 拍攝相片報告書
- 遮へい ・ 遮蔽
- 重過失 ・ 重大過失；重大過錯
- 収容 ・ 收容；收押
- 住居 ・ 住宅；住所
- 就職禁止事由 ・ 禁止就職事由
- 囚人 ・ 囚犯
- 自由心証主義 ・ 自由心證主義
- 周旋する ・ 周旋；介紹
- 重大な事実の誤認 ・ 重大事實的誤認
- （重大な）他害行為 ・ （重大的）傷害他人行爲
- 自由な証明 ・ 自由的證明（嚴格證明的全部或是一部分的必要條件被免除）

・従犯	・従犯
・主観的違法要素	・主觀上的違法要素
・酒気帯び	・帶酒氣；帶酒意
・主刑	・主刑
・受刑者	・服刑者；受刑者
・主尋問	・主盤問；主聆訊
・受訴裁判所	・受訴法院
・受託裁判官	・受託法官
・出国命令	・出国命令
・出頭	・到場；報到
・出頭命令	・到場命令
・出入国記録	・出入境紀錄
・主任弁護人	・首席辯護人
・主犯	・主犯
・主文（判決主文）	・主文（判決的主文）
・受命裁判官	・受命法官
・主要事実	・主要事實
・準起訴手続	・準檢控手續；準起訴手續
・準抗告	・準上訴
・巡査	・巡邏警員
・巡査長	・巡邏警長
・巡査部長	・巡邏警員部長
・遵守事項	・遵守事項
・照会	・照會；詢問；查詢
・傷害	・傷害
・召喚	・傳；召

・召喚状	・傳票
・召喚する	・傳；召
・情況（状況）証拠	・案件的狀況證據
・証言	・證供；作證
・証拠	・證據
・証拠開示	・呈示證據
・上告	・（在最高法院提出的）上訴
・上告趣意書	・（對最高法院提出的）上訴旨意書
・上告審	・上訴審；第三審；最高法院的審判
・上告理由	・上訴理由
・証拠決定	・決定證據
・証拠書類	・書面證據；證據資料
・証拠調べ	・調查證據
・証拠資料	・證據資料
・証拠説明	・證據説明
・証拠等関係カード	・與證據等有關係的卡
・証拠能力	・證據能力
・証拠の提示	・提出證據
・証拠の標目	・證據的目錄
・証拠排除	・排除證據
・証拠物	・證物
・証拠方法	・取證方法
・証拠保全	・證據保全
・常習性	・慣性
・常習犯	・慣犯；常習犯
・情状	・狀況；情況；情節

・情状酌量	・酌量情状
・上申書	・呈報書
・上訴	・上訴
・上訴権者	・有上訴權的人
・上訴裁判所	・上訴法院
・上訴趣意書	・上訴旨意書
・上訴提起期間	・提出上訴期間
・上訴の取下げ	・撤銷上訴
・上訴の放棄	・放棄上訴權利
・焼損する	・燒損
・証人	・證人
・証人尋問	・聆訊證人；審證人
・証人尋問調書	・聆訊證人筆錄
・証人等特定事項	・証人等特定事項
・少年	・少年
・少年院	・少年院
・少年刑務所	・少年監獄
・条文	・條文
・小法廷	・小法庭
・抄本	・抄本；摘錄
・証明予定事実	・證明預定事實
・証明力	・證明力
・条約	・條約
・上陸拒否事由	・拒絕降落（入境）事由
・条例	・條例
・除外決定	・排除決定

・処遇事件	・待遇案件
・嘱託する	・委托
・職務質問	・職務上的盤問
・職務従事予定期間	・從事職務的預定期間
・所持品検査	・檢查携帶物品
・書証	・文書類的證物
・除斥	・法定的把法官從案件摒除
・処断する	・裁決
・職権	・職權
・職権証拠調べ	・職權證據調查
・職権調査	・職權調查
・職権保釈	・以法官的職權許可保釋
・職権濫用	・濫用職權
・処罰条件	・處罰條件
・初犯	・初犯
・署名	・簽名；署名
・資力申告書	・財力申報書
・信義則	・信義誠實的原則
・人権擁護局	・人權擁護局
・親告罪	・必須受害人親自告發的犯罪
・審査補助員	・審查輔助員
・心証	・法官的主觀的認識，把握
・身上照会回答書	・對身世查詢的答覆書
・心神耗弱	・心神耗弱
・心神喪失	・精神失常
・審尋	・審問

・人身取引	・人身買賣
・真正な	・真正的
・親族相盗	・親屬間的盗竊
・身体検査	・搜身
・身体検査令状	・搜身令
・診断書	・診斷書
・人定質問	・審問核實本人
・シンナー	・香蕉水；天那水
・審判	・審判
・審判期日	・審判日期
・審判調書	・審判調查書；審判紀錄
・尋問事項	・盤問事項；聆訊事項
・尋問する	・盤問；聆訊
・信用性	・信用性
・信頼の原則	・信賴的原則
・審理不尽	・審理不徹底
・推定する	・推定；估計
・性格異常	・性格異常
・生活環境	・生活環境
・税関	・海關
・請求による裁判員等の解任	・因請求而解任陪審員
・正式裁判	・正式審理
・正式裁判請求	・正式審理的請求
・精神鑑定	・精神鑑定
・精神障害者	・精神障礙者
・精神障害を改善する	・改善精神障礙

- ・精神病
- ・精神病質
- ・精神保健観察
- ・精神保健参与員
- ・精神保健指定医
- ・精神保健審判員
- ・精神保健判定医
- ・精神保健福祉士
- ・正当業務行為
- ・正当防衛
- ・正犯
- ・正本
- ・声紋
- ・政令
- ・責任
- ・責任軽減事由
- ・責任阻却事由
- ・責任能力
- ・責任無能力者
- ・責任要素
- ・責問権の放棄
- ・是正命令
- ・接見
- ・接見禁止
- ・接見交通
- ・窃取

- ・精神病
- ・精神變態
- ・精神保健觀察
- ・精神保健参與員
- ・精神保健指定醫生
- ・精神保健審判員
- ・判定精神保健的醫生
- ・精神保健福利工作者
- ・正當業務行爲；合法業務行爲
- ・正當防衛
- ・主犯；正犯
- ・正本
- ・聲波紋
- ・政令
- ・責任
- ・減輕責任的事由
- ・妨礙擔負責任的事由
- ・責任能力
- ・沒有責任能力者
- ・責任要素
- ・責問權的放棄
- ・更正命令
- ・接見
- ・禁止接見
- ・接見通信；會面通信
- ・偷取；偷竊

・絶対的控訴理由	・絶對的上訴理由
・是非弁別	・分辨是非
・前科	・前科；案底
・前科調書	・案底調査紀錄
・宣告する	・宣判
・宣誓	・宣誓
・専属管轄	・專屬管轄
・選任決定	・選任的決定
・選任予定裁判員	・選任予定陪審員
・訴因	・案由；訴訟原因
・訴因変更	・變更訴訟原因
・訴因を明示する	・明示案由；明示訴訟原因
・捜査	・搜查
・捜査機関	・搜查機關
・捜査記録	・搜查紀錄
・捜索	・搜索；搜查
・捜索差押許可状	・搜查查封許可令
・捜索差押調書	・搜查查封紀錄
・捜索状	・搜查令
・捜索調書	・搜查紀錄
・捜査照会回答書	・對搜查查詢的回答書
・捜査状況報告書	・搜查狀況報告書
・送達する	・送達
・送致する	・送交；送
・相当因果関係	・相當因果關係
・相当な理由	・相當的理由

・遡及処罰の禁止	・禁止遡及處罰
・即時抗告	・即時上訴
・訴訟記録	・訴訟紀錄
・訴訟係属	・審理中的訴訟案件
・訴訟行為	・訴訟行爲
・訴訟指揮	・訴訟指揮
・訴訟条件	・訴訟條件
・訴訟手続	・訴訟手續；訴訟程序
・訴訟手続の法令違反	・訴訟程序違反法令
・訴訟能力	・訴訟能力
・訴訟費用	・訴訟費用
・速記	・速記
・即決裁判手続	・立即宣判審判程序
・疎明	・表面上明確可信
・疎明資料	・表面上明確可信的資料
・損害賠償命令	・賠償損害命令

【た 行】

・第一審	・第一審
・退院	・出院
・退去強制令書	・強制退出命令書；遞解離境令
・大使	・大使
・大使館	・大使館
・対質	・對質
・大赦	・大赦；特赦
・対象行為	・對象行爲

- 対象事件
- 対象者
- 代替収容
- 退廷しなさい
- 退廷命令
- 逮捕
- 大法廷
- 逮捕状
- 大麻
- 大麻樹脂
- 大麻草
- 代理権
- 立会い
- 弾劾証拠
- 嘆願書
- 単独犯
- 知的障害
- 地方検察庁（地検）
- 地方検察庁支部
- 地方公共団体
- 地方裁判所（地裁）
- 地方裁判所支部
- 地方法務局
- 注意義務
- 中央更生保護審査会
- 中止犯

- 對象事件
- 對象者
- 代替拘留
- 退出法庭！
- 退庭命令
- 逮捕；拘捕
- 大法庭
- 逮捕令狀
- 大麻
- 大麻樹脂
- 大麻草
- 代理權
- 在場；開盤
- 質疑證據
- 請願書
- 單獨犯
- 智力障礙
- 地方檢控院
- 地方檢控院分部
- 地方公共團體
- 地方法院
- 地方法院分院
- 地方法務局
- 注意義務
- 中央更生保護審查會
- 中止犯

・中止未遂	・中止未遂
・懲役	・徒刑；需勞役的監禁
・長期3年以上	・上限為3年以上
・調書	・筆錄；調查紀錄
・調書判決	・基於筆錄的判決
・直接証拠	・直接證據
・陳述する	・陳述
・追完する	・追補
・追起訴	・追加起訴；追加檢控
・追徴	・追收
・追徴保全	・暫時扣押檢控前因犯罪而得到的財產
・通院期間の延長	・往診期間的延長
・通常逮捕	・一般逮捕
・通達	・通令
・通訳	・翻譯
・付添い	・陪同
・付添人	・陪同人
・つきまとい	・糾纏
・罪となるべき事実	・構成犯罪的事實
・罪を犯したことを疑うに足りる充分な理由	・涉嫌犯罪的充分理由
・罪を行い終わってから間がない	・犯行後沒多久
・連戻状	・帶回令狀
・連れ戻す	・帶回
・DNA鑑定	・DNA鑑定
・提出命令	・提出命令

- 廷吏
- 撤回
- 電子計算機
- 電磁的記録
- 伝聞供述
- 伝聞証拠
- 伝聞法則
- 電話聴取書
- 同意
- 道義的責任
- 統合失調症
- 同行状
- 同行する
- 当事者
- 謄写する
- 盗聴
- 答弁書
- 謄本
- 特殊開錠用具
- 特定侵入行為
- 特に信用すべき情況（特信情況）
- 特別抗告
- 特別弁護人
- 土地管轄
- 都道府県公安委員会
- 取り消す

- 法庭職員
- 撤銷
- 電腦
- 電磁紀錄
- 以聽聞的事作証供陳述
- 傳聞證據
- 傳聞法則
- 以電話聽取的供述紀錄
- 同意；贊成
- 道義上的責任
- 精神分裂症
- 同行令
- 同行
- 當事人
- 複寫
- 偸聽
- 答辯書
- 副本
- 特殊開鎖用具
- 特定入侵行為
- 尤其應信的情況
- 特別上訴
- 特別辯護人
- 管轄地
- 都道府縣公安委員会
- 取消

・取り下げる	・収返；撤銷
・取り調べる	・調査
・トルエン	・甲苯

【な　行】

・内閣府	・内閣府
・捺印	・蓋印
・二重の危険	・雙重危險
・日本司法支援センター（法テラス）	・日本司法支援中心
・入院	・入院
・入院継続の確認	・確認是否繼續入院
・入院によらない医療	・不住院治療
・入院を継続する	・繼續入院
・入国	・入境；入國
・入国管理局	・入境管理局
・入国管理局出張所	・入境管理局辦事處
・入国管理センター	・入境管理中心
・入国者収容所	・入境者收容所
・入国審査官	・入境審查官
・入国手続	・入境手續
・任意性	・任意性；自願性
・任意捜査	・強制捜査以外的捜査
・任意提出書	・任意提交書
・任意的弁護事件	・可選擇是否用辯護律師的案件
・任意同行	・任意同行
・脳挫傷	・腦挫傷

【は 行】

・売春	・賣淫
・売春周旋	・介紹賣淫
・陪席裁判官	・副審判官; 副法官
・破棄移送	・撤銷及移交; (撤銷原判及把案件移交 到原判以外的同級法院)
・破棄差戻し	・撤銷及移回; (撤銷原判及移回原判法 院)
・破棄自判	・撤銷及自判
・破棄する	・推翻; 撤銷
・破棄判決	・撤銷判決
・罰金	・罰款
・ハッシシ (ハッシシュ)	・印度大麻
・罰条	・處罰條文
・犯意	・犯罪意識
・判決	・判; 判決
・判決書	・判決書; 判案書
・判決に影響を及ぼすことが明らか	・明顯地對判決有影響
・判決の宣告	・宣判
・判決理由	・判決理由
・犯行	・罪行; 作案
・犯罪	・犯罪
・犯罪行為を組成した物(犯罪組成物件)	・構成犯罪行爲之物
・犯罪事実	・犯罪事實
・犯罪収益	・犯罪收益
・判事	・法官

- 判示する
- 判決書所示
- 判事補
- 助理法官
- 反証
- 反證
- 犯情
- 犯罪情節；犯罪情況
- 反則金
- 違反交通規則的罰款
- 反対尋問
- 反方盤問
- 判例
- 判例；案例
- 判例違反
- 違反判例
- 判例変更
- 變更判例
- 犯歴
- 犯罪經歴
- 被害者
- 受害人；受害者
- 被害者還付
- 退還受害人
- 被害者参加人
- 受害人參加者
- 被害者参加弁護士
- 受害人參加的辯護律師
- 被害者特定事項
- 特定受害人的事項
- 被害届
- 受害申報
- 被疑者
- 受疑人；疑犯
- 非供述証拠
- 非供述證據
- 非行
- 不良行爲
- 被告事件
- 被告案件
- 被告人
- 被告人
- 被告人の退廷
- 被告人的退庭
- 被収容者
- 被收容者
- 非常上告
- （對最高法院提出）緊急上訴
- 左陪席裁判官
- 副審判官；副法官
- ピッキング用具
- 撬鎖用具

・筆跡	・筆跡
・必要的弁護事件	・必須有辯護律師的案件
・必要的保釈	・必要的保釋
・ビデオリンク	・連結錄像
・秘匿決定	・保密決定
・否認	・否認
・評議	・進行裁決
・評決	・評決；裁決；評定
・被略取者	・被誘帶者；被綁架者
・不意打ち	・突然襲撃
・附加［付加］刑	・附加刑
・不可抗力	・不可抗力
・不可罰的事後行為	・不可罰的事後行為
・不起訴処分	・不檢控處分
・副検事	・副檢控官
・不告不理の原則	・不告不理的原則
・不作為犯	・因不作爲而構成的犯罪
・婦人補導院	・婦女輔導院
・不選任の決定	・不選任的決定
・物的証拠	・物證
・不定期刑	・不定期刑
・不適格事由	・資格不適事由
・不同意	・不同意
・不当逮捕	・不當逮捕
・不能犯	・不能犯
・不服申立て	・提出不服

・部分判決	・部分判決
・不法在留	・非法居留
・不法残留	・非法殘留
・不法入国	・非法入境
・不法領得の意思	・非法領取的意圖
・不利益な事実の承認	・承認對自己不利的事實
・不利益変更の禁止	・禁止對被告人的處罰變為較原判不利
・併科する	・處罰兩種以上的刑罰
・併合決定	・併案審理決定
・併合罪	・合併罪
・併合する	・合併
・別件逮捕	・以別的案件爲由而逮捕
・別の合議体による裁判所	・其他合議團的法院
・弁解録取書	・辯解錄取書
・弁護士	・律師
・弁護士会	・律師會
・弁護人	・辯護律師；辯護人
・弁護人依頼権	・委托辯護律師的權利
・弁護人選任権	・選任辯護律師的權利
・変造	・改造
・弁論	・辯論
・弁論再開	・重開辯論
・弁論終結	・辯論終結
・弁論能力	・辯論能力
・弁論分離	・分開辯論
・弁論併合	・合併辯論

・弁論要旨	・辯論的要點
・防衛の意思	・防衛的意圖
・包括一罪	・總括爲一罪
・謀議	・謀議; 合謀
・防御権	・防禦權
・暴行	・暴力行爲
・傍受	・監聽
・幇助する	・幫助
・幇助犯	・幫犯
・法人	・法人
・傍聴席	・旁聽席
・傍聴人	・旁聽人
・法廷	・法庭
・法定刑	・法定刑
・法廷警察権	・法庭警察權
・法定代理人	・法定代理人
・法定手続の保障	・法定程序的保障
・冒頭陳述	・開頭陳述
・法の不知	・不知法
・法の下の平等	・法律面前的平等
・方法の錯誤	・方法的錯誤
・法務局	・法務局
・法務省	・法務省
・法律	・法律
・法律上の減軽	・法律上的減輕
・法律の錯誤	・法律的錯誤

・法律の適用	・法律的適用
・法律審	・只判斷有否違反法令的審理
・暴力団	・暴力團；黑社會組織
・法令	・法令
・法令適用の誤り	・適用法令的錯誤
・保護観察	・保護觀察
・保護観察官	・保護觀察官
・保護観察所	・保護觀察所
・保護司	・保護司
・保護者	・保護人；監護人
・保護法益	・保護法律上的利益
・保護命令	・保護命令
・保佐監督人	・保佐人的監督者
・補佐人	・助理法庭事宜的人
・保佐人	・保佐人
・保釈	・保釋
・保釈取消し	・取消保釋
・保釈保証金	・保釋保證金
・補充員	・後備員
・補充裁判員	・後備陪審員
・補充書	・補充書
・補助監督人	・助理員的監督者
・補助人	・助理員
・没取	・没收；徵收
・没収する	・没收；充公
・没収保全	・沒收及保全

・ポリグラフ検査 　　　　・測謊檢查
・本籍 　　　　　　　　　・原籍

【ま　行】

・麻薬 　　　　　　　　　・麻藥; 麻醉劑; 毒品
・麻薬常習者 　　　　　　・慣性使用麻藥者; 慣性使用毒品者
・マリファナ 　　　　　　・大麻
・右陪席裁判官 　　　　　・副審判官; 副法官
・未決勾留 　　　　　　　・未決扣留; 未決羈留
・未遂 　　　　　　　　　・未遂; 未達到
・未成年者 　　　　　　　・未成年人
・密売者 　　　　　　　　・私賣人
・密輸出 　　　　　　　　・走私出口
・密輸入 　　　　　　　　・走私進口
・未必の故意 　　　　　　・未必故意
・身分犯 　　　　　　　　・利用身份的犯罪
・無期懲役 　　　　　　　・無期徒刑; 需勞役的無期監禁
・無罪 　　　　　　　　　・無罪
・無罪の推定 　　　　　　・無罪的推定
・無銭飲食 　　　　　　　・白吃
・無断退去者 　　　　　　・擅自離開者
・無賃乗車 　　　　　　　・不付車費乗車
・無能力者 　　　　　　　・沒有能力者
・酩酊 　　　　　　　　　・酩酊大醉
・命令 　　　　　　　　　・命令
・免訴 　　　　　　　　　・免訴; 撤銷檢控

・毛髪鑑定   ・毛髪鑑定
・黙秘権   ・緘默權；拒絕回答權；保持沉默權

【や 行】

・薬物犯罪収益   ・藥物犯罪收益
・やむを得ずにした行為   ・不得已的行爲
・誘引   ・引誘
・有期懲役   ・有期徒刑；需勞役的有期監禁
・有罪   ・有罪
・宥恕   ・寬恕；饒恕
・誘導尋問   ・誘供；套供
・ゆすり   ・敲詐；敲詐人
・予見可能性   ・預見可能性
・余罪   ・其他罪行
・予断排除   ・排除預先判斷
・予備   ・準備；預備
・呼出状   ・傳票
・呼び出す   ・傳喚
・予備的訴因   ・預備的檢控原因；預備的起訴原因

【ら 行】

・立証趣旨   ・擧證旨意
・立証する   ・擧證
・立証責任   ・擧證責任
・略式手続   ・略式手續；簡易程序
・略式命令   ・簡易命令
・略取   ・誘帶；綁架

・留置施設	・羈留設施
・理由のくいちがい	・理由不一致
・理由の不備	・理由不充分
・理由を示さない不選任の請求	・不開示請求不選任的理由
・量刑	・刑罰量決定
・量刑不当	・不恰當的刑罰量決定
・領事	・領事
・領事館	・領事館
・領収書	・收條；收據
・領置	・扣押；扣留
・領置調書	・扣留調查紀錄
・両罰規定	・處罰勞資雙方的規定
・旅券（パスポート）	・護照
・輪姦	・輪姦
・臨検	・到現場檢查
・臨床尋問	・到病床邊盤問
・類型証拠開示	・公開一定類型的證據
・類推解釈	・類推解釋
・累犯	・累犯
・令状	・令狀
・連行する	・帶走
・労役場留置	・拘留在勞役場
・録音	・錄音
・録取（する）	・記錄
・論告	・總結發言
・論告要旨	・總結發言的要點

【わ　行】

- ・わいせつ　　　　　　・淫褻; 咸濕
- ・わいろ　　　　　　　・賄賂
- ・和解　　　　　　　　・和解

第2章　法令名

【あ　行】

- ・あへん法
- ・鴉片法
- ・医師法
- ・醫師法
- ・意匠法
- ・設計法（圖案專利法）
- ・医薬品，医療機器等の品質，有効性及び安全性の確保等に関する法律（医薬品医療機器等法，薬機法）
- ・關於確保藥品，醫療機器等的品質,有效性及安全性的法律
- ・印紙等模造取締法
- ・偽造印花等取締法
- ・印紙犯罪処罰法
- ・印花犯罪處罰法
- ・インターネット異性紹介事業を利用して児童を誘引する行為の規制等に関する法律
- ・關於對利用互聯網介紹異性經營去引誘兒童等行爲的規定的法律
- ・恩赦法
- ・大赦法

【か　行】

- ・外国ニ於テ流通スル貨幣紙幣銀行券証券偽造変造及模造ニ関スル法律（外貨偽造法）
- ・關於偽造變造及模造在外國流通的貨幣紙幣銀行證券的法律
- ・外国為替及び外国貿易法（外為法）
- ・外匯及外貿法
- ・外国裁判所ノ嘱託ニ因ル共助法
- ・由外國法院委托的互助法
- ・外国人漁業の規制に関する法律
- ・關於外國人漁業規定的法律
- ・外国人登録法
- ・外國人登記法
- ・海洋汚染等及び海上災害の防止に関する法律
- ・關於海洋汚染等及海上災害防止的法律
- ・海上交通安全法
- ・海上交通安全法

・海上衝突予防法	・海上衝突預防法
・火炎びんの使用等の処罰に関する法律	・關於處罰使用燃燒瓶等的法律
・覚醒剤取締法	・興奮劑取締法
・貸金業法	・貸款業法
・火薬類取締法（火取法）	・火藥類取締法
・関税定率法	・關税定率法
・関税法	・關税法
・漁業法	・漁業法
・漁船法	・漁船法
・銀行法	・銀行法
・金融商品取引法	・金融商品交易法
・警察官職務執行法（警職法）	・警察官職務執行法
・警察法	・警察法
・刑事確定訴訟記録法	・刑事確定訴訟紀錄法
・刑事収容施設及び被収容者等の処遇に関する法律	・關於刑事收容設施及被收容者等的待遇的法律
・刑事訴訟規則（刑訴規則）	・刑事訴訟規則
・刑事訴訟費用等に関する法律	・關於刑事訴訟費用等的法律
・刑事訴訟法（刑訴法）	・刑事訴訟法
・刑事補償法	・刑事補償法
・競馬法	・賽馬法
・軽犯罪法	・輕微犯罪法
・刑法	・刑法
・検察審査会法	・檢控審查會法
・検察庁法	・檢控院法
・航空機の強取等の処罰に関する法律	・關於處罰劫持飛機等法律

・航空の危険を生じさせる行為等の処罰に関する法律	・關於處罰產生航空危險行爲的法律
・更生保護事業法	・更生保護事業法
・更生保護法	・更生保護法
・国際受刑者移送法	・國際受刑者移送法
・国際人権規約	・國際人權規約
・国際捜査共助等に関する法律	・關於國際捜査共助等法律
・国際的な協力の下に規制薬物に係る不正行為を助長する行為等の防止を図るための麻薬及び向精神薬取締法等の特例等に関する法律（麻薬特例法）	・關於在國際協助下爲謀求防止助長涉及規制藥物的不當行爲的麻醉劑及精神藥物取締法等特例等法律
・国籍法	・國籍法
・戸籍法	・戸籍法

【さ　行】

・裁判員の参加する刑事裁判に関する法律	・關於陪審員參加的刑事審判的法律
・裁判員の参加する刑事裁判に関する規則	・關於陪審員參加的刑事審判的規則
・裁判所法	・法院法
・酒に酔って公衆に迷惑をかける行為の防止等に関する法律	・關於防止因醉酒而給騷擾公衆等的法律
・自転車競技法	・單車競技法
・自動車損害賠償保障法	・保障汽車損害賠償法
・自動車の保管場所の確保等に関する法律	・確保汽車保管場所等法律

・自動車の運転により人を死傷させる行為等の処罰に関する法律	・關於處罰因駕駛汽車而引致死傷等法律
・児童福祉法	・兒童福利法
・児童買春，児童ポルノに係る行為等の処罰及び児童の保護等に関する法律	・關於涉及兒童賣淫，兒童色情等行爲的處罰及兒童保護等法律
・銃砲刀剣類所持等取締法（銃刀法）	・持有槍砲刀劍類等取締法（刀槍法）
・出資の受入れ，預り金及び金利等の取締りに関する法律	・關於取締接受出資、保管別人存款及利息等的法律
・出入国管理及び難民認定法	・出入境管理及難民認定法
・少年法	・少年法
・商標法	・商標法
・商法	・商法
・職業安定法	・職業穩定法
・所得税法	・所得税法
・心神喪失等の状態で重大な他害行為を行った者の医療及び観察等に関する法律（心神喪失者等医療観察法）	・關於因心神喪失等狀態而作出重大的損害他人的行爲者的醫療及觀察的法律（心神喪失者等醫療觀察法）
・人身保護法	・人身保護法
・森林法	・森林法
・ストーカー行為等の規制等に関する法律	・關於規制跟蹤等行爲的法律
・精神保健及び精神障害者福祉に関する法律（精神保健法）	・關於精神保健及精神殘疾人福利的法律
・船員法	・船員法
・船舶安全法	・船舶安全法
・船舶職員及び小型船舶操縦者法	・船舶職員及小型船舶操縱者法

・船舶法　　　　　　　　　　　・船舶法
・組織的な犯罪の処罰及び犯罪収益の規　・關於組織犯罪的處罰及犯罪收益的規制
　制等に関する法律　　　　　　　等法律

【た　行】

・大麻取締法　　　　　　　　　・大麻取締法
・著作権法　　　　　　　　　　・版權法；著作權法
・通貨及証券模造取締法　　　　・貨幣及證券模造取締法
・鉄道営業法　　　　　　　　　・鐵路營業法
・電気通信事業法　　　　　　　・電氣通訊事業法
・電波法　　　　　　　　　　　・電波法
・盗犯等ノ防止及処分ニ関スル法律　・關於防止及處置盜竊犯罪等法律
・逃亡犯罪人引渡法　　　　　　・逃犯引渡法
・道路運送車両法　　　　　　　・道路運輸車輛法
・道路交通法（道交法）　　　　・道路交通法
・特殊開錠用具の所持の禁止等に関する　・關於禁止持有特殊開鎖工具的法律
　法律
・特定商取引に関する法律　　　・關於特定商業交易的法律
・毒物及び劇物取締法（毒劇法）　・毒物及烈性物品取締法
・都道府県条例　　　　　　　　・都道府縣條例

【な　行】

・成田国際空港の安全確保に関する緊急　・關於確保成田國際機場安全的緊急措施
　措置法　　　　　　　　　　　　法
・日本国憲法（憲法）　　　　　・日本國憲法（憲法）
・日本国とアメリカ合衆国との間の相互　・為實施基於日本與美國間的相互協力及
　協力及び安全保障条約第6条に基づく　安全保障條約第6條的設施及區域及在

施設及び区域並びに日本国における合衆国軍隊の地位に関する協定の実施に伴う刑事特別法（刑特法）

日本國美軍地位的相關協定而制定的刑事特別法

【は 行】

・廃棄物その他の物の投棄による海洋汚染の防止に関する条約

・關於防止傾倒廢棄物和其他物料污染海洋的條約

・廃棄物の処理及び清掃に関する法律（廃棄物処理法）

・關於處理及清掃廢棄物的法律

・配偶者からの暴力の防止及び被害者の保護に関する法律

・關於防止遭受配偶暴力及保護受害者的法律

・売春防止法

・防止賣淫法

・破壊活動防止法（破防法）

・防止破壞活動法

・爆発物取締罰則

・取締爆炸物的處罰規則

・罰金等臨時措置法

・罰款等臨時措施法

・犯罪収益に係る保全手続等に関する規則

・關於涉及犯罪收益保全程序等的規則

・犯罪捜査のための通信傍受に関する法律

・關於以搜查犯罪為目的的通信監聽的法律

・犯罪被害財産等による被害回復給付金の支給に関する法律

・關於領取基於犯罪受害財産的受害康復支付金的法律

・犯罪被害者等の権利利益の保護を図るための刑事手続に付随する措置に関する法律（犯罪被害者等保護法）

・關於為謀求保護犯罪受害者權益的刑事程序所附隨的措施的法律

・被疑者補償規程

・疑犯補償規則

・人の健康に係る公害犯罪の処罰に関す

・關於處罰涉及個人健康的公害犯罪（公

る法律（公害罪法）　　　　　　　　　害罪法）

・風俗営業等の規制及び業務の適正化等　・關於風俗娛樂行業等的規制及業務的適
　に関する法律（風営法）　　　　　　　當化等法律

・武器等製造法　　　　　　　　　　　・武器等製造法

・不正競争防止法　　　　　　　　　　・防止不正當競争法

・法廷等の秩序維持に関する法律　　　　・關於維持法庭等秩序的法律

・暴力行為等処罰ニ関スル法律　　　　　・關於處罰暴力行爲等法律

【ま　行】

・麻薬及び向精神薬取締法（麻取法）　　・麻藥及精神藥物取締法

・民事訴訟法　　　　　　　　　　　　・民事訴訟法

・民法　　　　　　　　　　　　　　　・民法

・モーターボート競走法　　　　　　　・機動艇競賽法

【や　行】

・薬物犯罪等に係る保全手続等に関する　・關於涉及藥物犯罪等的保全手續等的規
　規則　　　　　　　　　　　　　　　則

・有線電気通信法　　　　　　　　　　・有線電通信法

・郵便切手類模造等取締法　　　　　　・郵票類模造等的取締法

・郵便法　　　　　　　　　　　　　　・郵政法

【ら　行】

・領海及び接続水域に関する法律　　　・關於領海及接續水域的法律

・領事関係に関するウィーン条約　　　・關於領事關係的維也納條約

・旅券法　　　　　　　　　　　　　　・護照法

・労働基準法　　　　　　　　　　　　・勞働基準法

第3章　罪名

【あ　行】

- あへん煙吸食器具輸入（製造，販売，所持）罪
- あへん煙吸食罪
- あへん煙吸食場所提供罪
- あへん煙等所持罪
- あへん煙輸入（製造，販売，所持）罪
- あへん法違反（所持，譲渡，譲受，使用，輸入）
- 遺棄罪
- 遺棄等致死罪
- 遺棄等致傷罪
- 遺失物等横領罪
- 威力業務妨害罪
- 営利目的等被略取者収受罪
- 営利目的等略取（誘拐）罪
- 延焼罪
- 往来危険罪
- 往来危険による艦船転覆（沈没，破壊）罪
- 往来危険による汽車転覆（破壊）罪
- 往来妨害罪
- 往来妨害致死罪
- 往来妨害致傷罪

- 進口（製造，販賣，持有）吸食鴉片煙器具罪
- 吸食鴉片煙罪
- 提供吸食鴉片煙場所罪
- 持有鴉片煙等罪
- 進口（製造，販賣，持有）鴉片煙罪
- 違反鴉片法（持有，轉讓，讓受，使用，進口）
- 遺棄罪
- 遺棄等致死罪
- 遺棄等致傷罪
- 侵吞遺失物件等罪
- 以武力妨礙業務罪
- 以營利目的等收受被誘帶者罪
- 以營利目的等誘帶（誘拐）罪
- 延燒罪
- 危害交通罪
- 基於危害交通的艦船顛覆（沈沒，破壞）罪
- 基於危害交通的火車顛覆（破壞）罪
- 妨礙交通罪
- 妨礙交通致死罪
- 妨礙交通致傷罪

・横領罪　　　　　　　　　　　　　　・貪汚罪；侵呑罪

【か　行】

・外国国章損壊（除去，汚損）罪　　　・損壊外國國章（除去，汚損）罪

・外国人登録法違反（登録不申請）　　・違反外國人登記法

・外国通貨偽造罪　　　　　　　　　　・偽造外國貨幣罪

・覚醒剤取締法違反（所持，譲渡，譲受，・違反興奮劑取締法（持有，轉讓，譲受，
　使用，輸入）　　　　　　　　　　　使用，進口）

・過失運転致死罪　　　　　　　　　　・因駕駛過失致死罪

・過失運転致傷罪　　　　　　　　　　・因駕駛過失致傷罪

・過失往来危険罪　　　　　　　　　　・因過失危害交通罪

・過失激発物破裂罪　　　　　　　　　・因過失使爆炸物爆炸罪

・過失建造物等浸害罪　　　　　　　　・因過失浸損建築物等罪

・過失傷害罪　　　　　　　　　　　　・因過失的傷害罪

・過失致死罪　　　　　　　　　　　　・因過失的致死罪

・加重逃走罪　　　　　　　　　　　　・加重處罰逃走罪

・加重封印等破棄罪　　　　　　　　　・加重處罰銷毀封印等罪

・ガス漏出罪　　　　　　　　　　　　・煤氣外漏罪

・ガス漏出等致死罪　　　　　　　　　・因煤氣外漏等致死罪

・ガス漏出等致傷罪　　　　　　　　　・因煤氣外漏等致傷罪

・監禁罪　　　　　　　　　　　　　　・監禁罪

・監禁致死罪　　　　　　　　　　　　・因監禁致死罪

・監禁致傷罪　　　　　　　　　　　　・因監禁致傷罪

・監護者性交等罪　　　　　　　　　　・監護者性交等罪

・監護者わいせつ罪　　　　　　　　　・監護者淫褻罪

・艦船往来危険罪　　　　　　　　　　・使船舶來往發生危險罪

・偽計業務妨害罪	・以詭計妨礙業務罪
・危険運転致死罪	・因危険駕駛致死罪
・危険運転致傷罪	・因危険駕駛致傷罪
・汽車転覆罪	・火車顛覆罪
・汽車転覆等致死罪	・因火車顛覆等致死罪
・偽証罪	・僞證罪
・偽造外国通貨行使罪	・使用偽造外幣罪
・偽造公文書行使罪	・使用偽造公文件罪
・偽造私文書行使罪	・使用偽造私人文件罪
・偽造通貨行使罪	・使用偽造貨幣罪
・偽造通貨等収得罪	・收取偽造貨幣等罪
・偽造有価証券行使罪	・使用偽造有價證券罪
・器物損壊罪	・損壞器物罪
・境界損壊罪	・損壞土地界綫罪
・恐喝罪	・恐嚇罪
・凶器準備集合（結集）罪	・持兇器集合（結集）罪
・強制執行関係売却妨害罪	・妨礙與司法強制執行有關的販賣罪
・強制執行行為妨害罪	・妨礙司法強制執行行爲罪
・強制執行妨害罪	・妨礙強制執行罪
・強制執行妨害目的財産現状改変罪	・以妨礙強制執行為目的的竄改財産現狀罪
・強制執行妨害目的財産損壊（隠匿）罪	・以妨礙強制執行為目的的損毀（隱藏）罪
・強制執行妨害目的財産無償譲渡罪	・以妨礙強制執行為目的的免費轉讓財産罪
・強制執行申立妨害目的暴行（脅迫）罪	・用暴力（威脅）妨礙申索強制執行罪

・強制性交等罪	・強制性交等罪
・強制性交等致死罪	・強制性交等致死罪
・強制性交等致傷罪	・強制性交等致傷罪
・強制わいせつ罪	・強制淫褻罪
・強制わいせつ致死罪	・強制淫褻致死罪
・強制わいせつ致傷罪	・強制淫褻致傷罪
・脅迫罪	・威脅罪
・業務上横領罪	・業務上侵吞罪
・業務上過失往来危険罪	・業務上因過失使交通發生危險罪
・業務上過失激発物破裂罪	・業務上因過失使爆炸物爆炸罪
・業務上過失致死罪	・業務上因過失使致死罪
・業務上過失致傷罪	・業務上因過失使致傷罪
・業務上失火罪	・業務上失火罪
・強要罪	・夾硬要罪；勒索罪
・虚偽鑑定罪	・假鑑定罪
・虚偽告訴罪	・誣告罪
・虚偽診断書作成罪	・作假診斷書罪
・激発物破裂罪	・使爆炸物爆炸罪
・現住建造物等放火罪	・放火燒現時有人住的建築物等罪
・建造物侵入罪	・入侵建築物罪
・建造物損壊罪	・損壞建築物罪
・建造物損壊致死罪	・因損壞建築物致死罪
・建造物損壊致傷罪	・因損壞建築物致傷罪
・建造物等以外放火罪	・放火燒建築物等以外之物的罪
・公印偽造罪	・偽造公印罪
・公印不正使用罪	・不正當使用公印罪

- 強姦罪
- 強姦致死罪
- 強姦致傷罪
- 公記号偽造罪
- 公記号不正使用罪
- 公契約関係競売等妨害罪
- 公正証書原本等不実記載罪
- 公然わいせつ罪
- 強盗強制性交等罪
- 強盗強制性交等致死罪
- 強盗強姦罪
- 強盗強姦致死罪
- 強盗罪
- 強盗致死罪
- 強盗致傷罪
- 強盗予備罪
- 公務員職権濫用罪
- 公務執行妨害罪
- 公用文書毀棄罪
- 昏睡強盗罪

- 強姦罪
- 強姦致死罪
- 強姦致傷罪
- 偽造公務機關記號罪
- 不正當使用公務機關記號罪
- 妨礙與公契有關約招標出售罪
- 公正證書正本等與事實有違的記載罪
- 公然淫褻罪
- 搶劫強制性交等罪
- 搶劫強制性交等致死罪
- 搶劫強姦罪
- 搶劫強姦致死罪
- 搶劫罪；強盜罪
- 搶劫致死罪
- 搶劫致傷罪
- 預備搶劫罪
- 公務員濫用職權罪
- 妨礙執行公務罪
- 毀棄公用文件罪
- 使人昏迷後搶劫罪

【さ　行】

- 裁判員の参加する刑事裁判に関する法律違反

　（裁判員等に対する請託（情報提供）罪）

- 違反關於陪審員參加的刑事審訊的法律

　（對陪審員求情（提供資料）罪）

（裁判員等に対する威迫罪）　　　　　　（對陪審員等威脅罪）

（裁判員等による秘密漏示罪）　　　　　（陪審員等的洩漏秘密罪）

（裁判員の氏名等漏示罪）　　　　　　　（洩漏陪審員的姓名等罪）

（裁判員候補者による虚偽記載（陳述）　（陪審員候補者的虚假填報（陳述）罪）
罪）

・詐欺罪　　　　　　　　　　　　　　　・欺詐罪；詐騙罪

・殺人罪　　　　　　　　　　　　　　　・殺人罪

・殺人予備罪　　　　　　　　　　　　　・預備殺人罪

・私印偽造罪　　　　　　　　　　　　　・偽造私印章罪

・私印不正使用罪　　　　　　　　　　　・不正當使用私印章罪

・事後強盗罪　　　　　　　　　　　　　・事後搶劫罪

・自殺関与罪　　　　　　　　　　　　　・参與他人自殺罪

・死体遺棄罪　　　　　　　　　　　　　・遺棄屍體罪

・死体損壊罪　　　　　　　　　　　　　・損壊屍體罪

・失火罪　　　　　　　　　　　　　　　・失火罪

・支払用カード電磁的記録不正作出罪　　・不正當作出支付用卡的電磁紀録罪

・重過失致死罪　　　　　　　　　　　　・因重過失致死罪

・重過失致傷罪　　　　　　　　　　　　・因重過失致傷罪

・住居侵入罪　　　　　　　　　　　　　・入侵他人住宅罪

・収得後知情行使（交付）罪　　　　　　・収取後知道是不正依然使用（交付）罪

・銃砲刀剣類所持等取締法違反　　　　　・違反持有槍砲刀剣類等取締法

　　（けん銃実包譲渡）　　　　　　　　　（轉讓手槍實彈）

　　（けん銃実包所持）　　　　　　　　　（持有手槍實彈）

　　（けん銃実包として輸入）　　　　　　（作為手槍實彈進口）

　　（けん銃実包輸入）　　　　　　　　　（進口手槍實彈）

　　（けん銃等加重所持）　　　　　　　　（加重處罰的持有手槍實彈等）

（けん銃等譲渡）	（轉讓手槍等）
（けん銃等所持）	（持有手槍等）
（けん銃等として輸入）	（作為手槍進口）
（けん銃等発射）	（發射手槍等）
（けん銃等輸入）	（進口手槍等）
（けん銃部品として輸入）	（作為手槍零件進口）

・出入国管理及び難民認定法違反　　　　・違反出入境管理及難民認定法

　（営利目的等不法入国等援助）　　　　（以營利目的等的援助非法入境）

　（寄港地上陸許可等の期間の経過）　　（途停靠港登陸許可等的經過期間）

　（収受等の予備）　　　　　　　　　　（收受等的準備）

　（集団密航者の収受等）　　　　　　　（非法入境者集團的收受等）

　（集団密航者を本邦に入らせ，又は上　（讓非法入境者集團進入本國，或是登

　陸させる罪）　　　　　　　　　　　　陸本國的罪）

　（集団密航者を本邦に向けて輸送し，　（把非法入境者集團向本國運送，或是

　又は本邦内において上陸の場所に向け　向本國的登陸地運送的罪）

　て輸送する罪）

　（船舶等の準備及び提供）　　　　　　（準備及提供船舶等）

　（不法在留）　　　　　　　　　　　　（非法居留）

　（不法残留）　　　　　　　　　　　　（非法殘留）

　（不法就労助長）　　　　　　　　　　（助長非法工作）

　（不法上陸）　　　　　　　　　　　　（非法登陸）

　（不法入国）　　　　　　　　　　　　（非法入境）

　（不法入国者等蔵匿隠避）　　　　　　（隱藏密匿非法入境者等）

　（旅券不携帯）　　　　　　　　　　　（不携帶護照）

・準強制性交等罪　　　　　　　　　　・準強制性交等罪

・準強制わいせつ罪　　　　　　　　　・準強制淫褻罪

・準強姦罪	・準強姦罪
・準詐欺罪	・準欺詐罪；準詐騙罪
・傷害罪	・傷害罪
・傷害致死罪	・傷害致死罪
・消火妨害罪	・妨礙熄火罪
・証拠隠滅罪	・毀滅證據罪
・常習賭博罪	・常習賭博罪
・常習累犯窃盗罪	・常習累犯盜竊罪
・承諾殺人罪	・承諾殺人罪
・証人等威迫罪	・威脅證人等罪
・私用文書毀棄罪	・毀壞棄置私人文書
・嘱託殺人罪	・受委托殺人罪
・職務強要罪	・強要職務罪
・所在国外移送目的略取罪	・以移送出所在國為目的的誘帶罪
・信書隠匿罪	・隱匿書信罪
・信書開封罪	・拆開書信罪
・人身売買罪	・買賣人身罪
・信用毀損罪	・毀壞信用罪
・窃盗罪	・盜竊罪
・騒乱罪	・暴動罪
・贈賄罪	・行賄罪

【た　行】

・逮捕罪	・逮捕罪
・逮捕致死罪	・逮捕致死罪
・逮捕致傷罪	・逮捕致傷罪

・大麻取締法違反（所持，譲渡，譲受，使用，輸入）	・違反大麻取締法（持有，轉讓，讓收，使用，進口）
・多衆不解散罪	・聚衆不解散罪
・談合罪	・價格協議罪
・通貨偽造罪	・偽造貨幣罪
・通貨偽造等準備罪	・準備偽造貨幣等罪
・電子計算機使用詐欺罪	・使用電腦詐騙罪
・電子計算機損壊等業務妨害罪	・損壊電腦等妨礙業務罪
・電磁的記録不正作出罪	・製作出不正當的電磁紀錄罪
・電磁的公正証書原本不実記録罪	・不如實記錄電磁公正證書正本罪
・逃走援助罪	・協助逃走罪
・逃走罪	・逃走罪
・盗品運搬（保管，有償譲受け，有償処分あっせん）罪	・贓物搬運（保管，收買，有贖仲介轉讓）罪
・盗品無償譲受け罪	・無贖接受贓物罪
・動物傷害罪	・傷害動物罪
・特別公務員職権濫用罪	・特別公務員濫用職權罪
・特別公務員職権濫用等致死罪	・特別公務員濫用職權等致死罪
・特別公務員職権濫用等致傷罪	・特別公務員濫用職權等致傷罪
・特別公務員暴行陵虐罪	・特別公務員用暴力凌虐罪
・賭博罪	・賭博罪
・賭博場開帳等図利罪	・為圖利開賭檔等罪
・富くじ発売罪	・發售彩票罪

【は　行】

・売春防止法違反（勧誘，客待ち）	・違反防止賣淫法（勸誘，等客）

- 背任罪
- 瀆職罪
- 犯人隠避罪
- 隠庇犯人罪
- 犯人蔵匿罪
- 窩藏犯人罪
- 非現住建造物等放火罪
- 放火燒現時沒人住的建築物等罪
- 被拘禁者奪取罪
- 搶奪被拘禁者罪
- 秘密漏示罪
- 洩漏秘密罪
- 被略取者引渡し（収受，輸送，蔵匿，隠避）罪
- 引渡（收受，運送，蔵匿，隠庇）被誘帶者罪
- 封印等破棄罪
- 撕毀封印等罪
- 不実記録電磁的公正証書原本供用罪
- 使用不如實記錄電磁公正證書正本罪
- 侮辱罪
- 侮辱罪
- 不正作出電磁的記録供用罪
- 提供不正當製作的電磁紀錄罪
- 不正指令電磁的記録供用罪
- 提供不正當指令的電磁紀錄罪
- 不正指令電磁的記録作成（提供）罪
- （提供）以不正當指令而製作的電磁紀錄罪
- 不正指令電磁的記録取得（保管）罪
- （保管）以不正當指令而取得的電磁紀錄罪
- 不正電磁的記録カード所持罪
- 持有不正當電磁紀錄卡罪
- 不退去罪
- 不退去罪；不撤離罪
- 不動産侵奪罪
- 覇佔不動産罪；覇佔房地産罪
- 放火予備罪
- 預備放火罪
- 暴行罪
- 暴行罪
- 保護責任者遺棄罪
- 放棄保護者責任罪
- 保護責任者遺棄致死罪
- 因放棄保護者責任致死罪
- 保護責任者遺棄致傷罪
- 因放棄保護者責任致傷罪

【ま　行】

- 未成年者略取（誘拐）罪
- 身の代金目的被略取者収受罪
- 身の代金目的略取罪
- 身の代金目的略取等予備罪
- 身の代金要求罪
- 無印公文書偽造罪
- 無印私文書偽造罪
- 名誉毀損罪

- 未成年者誘帯（誘拐）罪
- 以贖金目的從被誘帯者收受贖金罪
- 贖金目的的誘帯罪
- 準備贖金目的的誘帯等罪
- 要求贖金罪
- 偽造無印公文件罪
- 偽造無印私人文件罪
- 損毀名譽罪

【や　行】

- 有印公文書偽造罪
- 有印私文書偽造罪
- 有価証券偽造罪

- 偽造有印公文件罪
- 偽造有印私人文件罪
- 偽造有價證券罪

【わ　行】

- わいせつ物陳列（頒布，有償頒布目的所持）罪
- わいせつ電磁的記録記録媒体陳列（頒布，有償頒布目的所持）罪
- わいせつ電磁的記録等送信頒布罪
- わいせつ電磁的記録有償頒布目的保管罪

- 陳列猥褻物（派發，為有償派發而持有）罪
- 陳列猥褻電磁紀錄的紀錄媒體（派發，為有償派發而持有）罪
- 猥褻電磁紀錄等送信發派罪
- 猥褻電磁紀錄的為有償派發而保管罪

資料

証拠等関係カードの略語表 （19 ページ参照）

1，2…	第1回公判，第2回公判…〔「期日」欄のみ〕	捜 押	捜索差押調書
前1，前2…	第1回公判前整理手続，第2回公判前整理手続…	記 押	記録命令付差押調書
間1，間2…	第1回期日間整理手続，第2回期日間整理手続…	任	任意提出書
※1，※2…	証拠等関係カード（続）「※」欄の番号1，2…の記載に続く	領	領置調書
決 定	証拠調べをする旨の決定	仮 還	仮還付請書
済	取調べ済み	還	還付請書
裁	裁判官に対する供述調書	害	被害届，被害てん末書，被害始末書，被害上申書
検	検察官に対する供述調書	追 害	追加被害届，追加被害てん末書，追加被害始末書，追加被害上申書
検 取	検察官事務取扱検察事務官に対する供述調書	答	答申書
事	検察事務官に対する供述調書	質	質取てん末書，質取始末書，質受始末書，質取上申書，質受上申書
員	司法警察員に対する供述調書	買	買受始末書，買受上申書
巡	司法巡査に対する供述調書	始 末	始末書
麻	麻薬取締官に対する供述調書	害 確	被害品確認書，被害確認書
大	大蔵事務官に対する質問てん末書	放 棄	所有権放棄書，電磁的記録に係る権利放棄書
財	財務事務官に対する質問てん末書	返 還	協議返還書
郵	郵政監察官に対する供述調書	上	上申書
海	海上保安官に対する供述調書	報	捜査報告書，捜査状況報告書，捜査復命書
弁 録	弁解録取書	発 見	遺留品発見報告書，置去品発見報告書
逆 送	家庭裁判所の検察官に対する送致決定書	現 認	犯罪事実現認報告書
告 訴	告訴状	写 報	写真撮影報告書，現場写真撮影報告書
告 調	告訴調書	交 原	交通事件原票
告 発	告発状，告発書	交原（報）	交通事件原票中の捜査報告書部分
自 首	自首調書	交原（供）	交通事件原票中の供述書部分
通 逮	通常逮捕手続書	検 調	検証調書
緊 逮	緊急逮捕手続書	実	実況見分調書
現 逮	現行犯人逮捕手続書	捜 照	捜査関係事項照会回答書，捜査関係事項照会書，捜査関係事項回答書
捜	捜索調書	免 照	運転免許等の有無に関する照会結果書，運転免許等の有無に関する照会回答書，運転免許調査結果報告書
押	差押調書	速 力	速度違反認知カード

選 権	選挙権の有無に関する照会回答書		寄 附	贖罪寄附を受けたことの証明	
診	診断書		嘆	嘆願書	
治 照	交通事故受傷者の病状照会について，交通事故負傷者の治療状況照会，診療状況照会回答書，治療状況照会回答書		（謄）	謄本	
検 視	検視調書		（抄）	抄本	
死	死亡診断書，死体検案書		（検）	検察官	
酒 力	酒酔い酒気帯び鑑識カード		（検取）	検察官事務取扱検察事務官	
鑑 嘱	鑑定嘱託書		（事）	検察事務官	
鑑	鑑定書		（員）	司法警察員	
電 話	電話聴取書，電話報告書		（巡）	司法巡査	
身	身上照会回答書，身上調査照会書，身上調査票，身上調査回答		（大）	大蔵事務官	
戸	戸籍謄本，戸籍抄本，戸籍（全部・一部・個人）事項証明書		（財）	財務事務官	
戸 附	戸籍の附票の写し		（被）	被告人	
登 記	不動産登記簿謄本，不動産登記簿抄本，登記（全部・一部）事項証明書				
商登記	商業登記簿謄本，商業登記簿抄本，登記（全部・一部）事項証明書				
指	指紋照会回答票，指紋照会書回答票，指紋照会書通知書，指紋照会回答，指紋照会書回答，指紋照会回答書				
現 指	現場指紋による被疑者確認回答書，現場指紋等確認報告書				
氏 照	氏名照会回答書，氏名照会票，氏名照会記録書				
前 科	前科調書，前科照会（回答）書，前科照会書回答				
前 歴	前歴照会（回答）書				
犯 歴	犯罪経歴回答書，犯罪経歴電話照会回答書				
外 調	外国人登録（出入国）記録調査書				
判	判決書謄本，判決書抄本，調書判決謄本，調書判決抄本				
決	決定書謄本，決定書抄本				
略	略式命令謄本，略式命令抄本				
示	示談書，和解書				
受	受領書，受領証，領収書，領収証，受取書，受取証				
現 受	現金書留受領証，現金書留引受証				
振 受	振込金兼手数料受領書，振込金受領書				

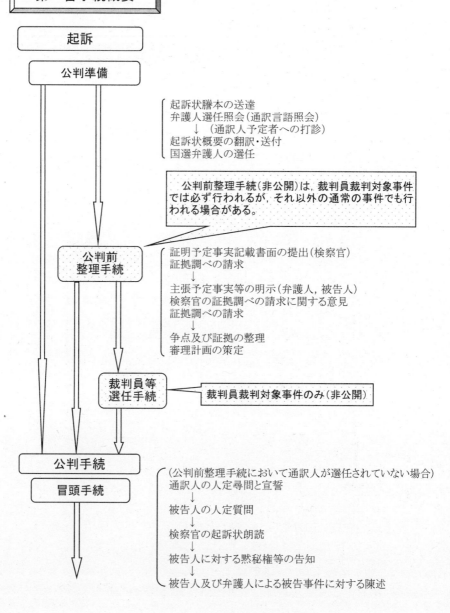

第一審手続概要

起訴

公判準備

　起訴状謄本の送達
　弁護人選任照会（通訳言語照会）
　　↓　（通訳人予定者への打診）
　起訴状概要の翻訳・送付
　国選弁護人の選任

　　公判前整理手続（非公開）は，裁判員裁判対象事件
　では必ず行われるが，それ以外の通常の事件でも行
　われる場合がある。

公判前
整理手続

　証明予定事実記載書面の提出（検察官）
　証拠調べの請求
　　↓
　主張予定事実等の明示（弁護人，被告人）
　検察官の証拠調べの請求に関する意見
　証拠調べの請求
　　↓
　争点及び証拠の整理
　審理計画の策定

裁判員等
選任手続

　裁判員裁判対象事件のみ（非公開）

公判手続

冒頭手続

　（公判前整理手続において通訳人が選任されていない場合）
　通訳人の人定尋問と宣誓
　　↓
　被告人の人定質問
　　↓
　検察官の起訴状朗読
　　↓
　被告人に対する黙秘権等の告知
　　↓
　被告人及び弁護人による被告事件に対する陳述

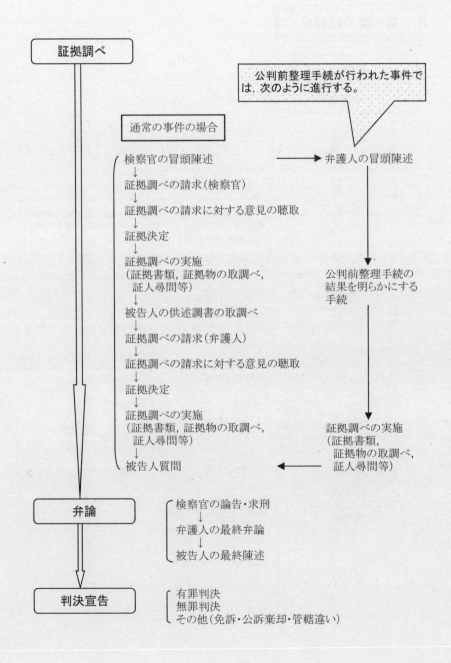

証拠調べ

通常の事件の場合

公判前整理手続が行われた事件では，次のように進行する。

検察官の冒頭陳述
↓
証拠調べの請求（検察官）
↓
証拠調べの請求に対する意見の聴取
↓
証拠決定
↓
証拠調べの実施
（証拠書類，証拠物の取調べ，
　証人尋問等）
↓
被告人の供述調書の取調べ
↓
証拠調べの請求（弁護人）
↓
証拠調べの請求に対する意見の聴取
↓
証拠決定
↓
証拠調べの実施
（証拠書類，証拠物の取調べ，
　証人尋問等）
↓
被告人質問

弁護人の冒頭陳述
↓
公判前整理手続の
結果を明らかにする
手続
↓
証拠調べの実施
（証拠書類，
　証拠物の取調べ，
　証人尋問等）

弁論
検察官の論告・求刑
↓
弁護人の最終弁論
↓
被告人の最終陳述

判決宣告
有罪判決
無罪判決
その他（免訴・公訴棄却・管轄違い）

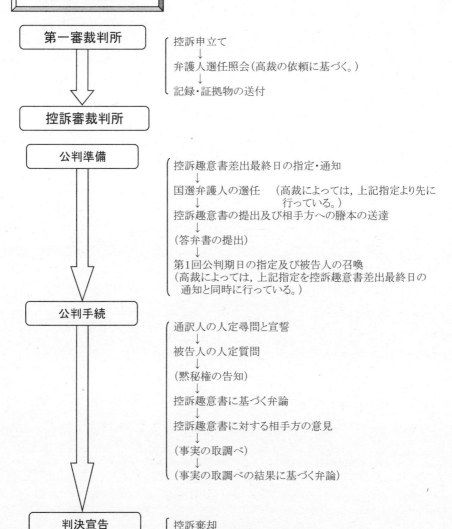

控訴審手続概要

第一審裁判所
　控訴申立て
　　↓
　弁護人選任照会(高裁の依頼に基づく。)
　　↓
　記録・証拠物の送付

控訴審裁判所

公判準備
　控訴趣意書差出最終日の指定・通知
　　↓
　国選弁護人の選任　　(高裁によっては,上記指定より先に
　　↓　　　　　　　　　　　　行っている。)
　控訴趣意書の提出及び相手方への謄本の送達
　　↓
　(答弁書の提出)
　　↓
　第1回公判期日の指定及び被告人の召喚
　(高裁によっては,上記指定を控訴趣意書差出最終日の
　　通知と同時に行っている。)

公判手続
　通訳人の人定尋問と宣誓
　　↓
　被告人の人定質問
　　↓
　(黙秘権の告知)
　　↓
　控訴趣意書に基づく弁論
　　↓
　控訴趣意書に対する相手方の意見
　　↓
　(事実の取調べ)
　　↓
　(事実の取調べの結果に基づく弁論)

判決宣告
　控訴棄却
　原判決破棄(差戻し・移送・自判)

法廷通訳ハンドブック　実践編
【広東語】　　　　　　　　　　　　　　　書籍番号 500309

令和3年6月10日　第1版第1刷発行

監　　修　　最高裁判所事務総局刑事局

発 行 人　　門　　田　　友　　昌

発 行 所　一般財団法人　法　　曹　　会

〒100-0013　東京都千代田区霞が関1-1-1
振替口座　00120-0-15670
電　　話　03-3581-2146
http://www.hosokai.or.jp/

落丁・乱丁はお取替えいたします。　　　印刷製本／㈱白樺写真工芸

ISBN　978-4-86684-070-3

本誌は再生紙を使用しています。